*L'histoire est l'enfer et le paradis des Algériens*

Mohamed Harbi

# Algérie
## l'histoire à l'endroit

Les 10 grandes controverses de l'histoire

## Du même auteur

•

- *Le Safari du Kaiser*, (récit), en collaboration avec A. de Lagrange, La Table Ronde, 1987.
- *Les Volontaires du roi*, (roman), en collaboration avec A. de Lagrange, Les Presses de la Cité, 1989.
- *Robert de Kersauson : le dernier commando boer*, éditions du Rocher, 1989.
- *Villebois-Mareuil, le La Fayette de l'Afrique du Sud*, éditions du Rocher, 1990.
- *Cette Afrique qui était allemande*, éditions du Rocher, 1990.
- *Histoire de la Louisiane française : 1682-1804*, Librairie académique Perrin, 1994.
- *Afrique : de la colonisation philanthropique à la recolonisation humanitaire*, éditions Bartillat, 1995.
- *Afrique : l'histoire à l'endroit*, Librairie académique Perrin, 1996.
- *Ces Français qui ont fait l'Afrique du Sud*, éditions Bartillat, 1996.
- *Histoire du Rwanda : de la préhistoire à nos jours*, éditions Bartillat, 1997.
- *La guerre des Boers : 1899-1902*, Librairie académique Perrin, 1998.
- *Atlas historique de l'Afrique des origines à nos jours*, éditions du Rocher, 2001.
- *Histoire de l'Égypte, des origines à nos jours*, éditions du Rocher, 2001.
- *God Bless Africa. Contre la mort programmée du continent noir*, éditions Carnot, 2003.
- *African Legacy. Solutions for a community in Crisis*, Carnot USA Books, New York, 2003.
- *Rwanda : le génocide, l'Église et la démocratie*, éditions du Rocher, 2001.
- *François Mitterrand, l'armée française et le Rwanda*, éditions du Rocher, 2005.

- *Pour en finir avec la colonisation (l'Europe et l'Afrique* $XV^{e}$*-*$XX^{e}$ *siecles)*, éditions du Rocher, 2006.
- *Rwanda. Contre-enquête sur le génocide*, éditions Privat, 2007
- *Histoire de l'Afrique, des origines à nos jours*, éditions Ellipses, 2009.
- *Histoire de l'Afrique du Sud*, des origines à nos jours, éditions Ellipses, 2010.
- *Histoire du Maroc, des origines à nos jours*, éditions Ellipses, 2011.
- *Décolonisez l'Afrique*, éditions Ellipses, 2012.
- *Histoire des Berberes. Un combat identitaire plurimillénaire*, éditions de l'Afrique Réelle, 2012, www.bernard-lugan.com.
- *Mythes et manipulations de l'histoire africaine. Mensonges et repentance*, éditions de l'Afrique Réelle, 2013, www.bernard-lugan.com.
- *Les guerres d'Afrique des origines à nos jours*, éditions du Rocher, 2013.
- *Printemps arabe : histoire d'une tragique illusion*, éditions de l'Afrique Réelle, 2013, www.bernard-lugan.com.
- *Rwanda : un génocide en questions*, éditions du Rocher, 2014.
- *Afrique, la guerre en cartes*, éditions de l'Afrique Réelle, 2014, www.bernard-lugan.com.
- *Osons dire la vérité à l'Afrique*, éditions du Rocher, 2015.
- *Histoire et géopolitique de la Libye : des origines à nos jours*, éditions de l'Afrique Réelle, 2015.
- *Histoire de l'Afrique du Nord : Des origines à nos jours (Égypte, Libye, Tunisie, Algérie, Maroc)*, éditions du Rocher, 2016.

Bernard Lugan publie une lettre africaniste par internet *L'Afrique réelle*.

**Pour tout renseignement :**

**www.bernard-lugan.com** et **contact@bernard-lugan.com**.

# Table des matières

# Introduction

•

« L'histoire est l'enfer et le paradis des Algériens » a dit l'historien Mohamed Harbi.

À elle seule, cette phrase explique la raison d'être de ce livre car l'histoire officielle de l'Algérie navigue en effet, entre les falaises de la réalité et les écueils de l'illusion.

**Enfer des Algériens leur propre histoire ?**

Oui, parce qu'elle les ramène constamment à des évidences qu'ils nient, ce qui rend difficile toute analyse rationnelle. L'histoire de l'Algérie est ainsi ancrée sur un socle formé de rentiers de l'indépendance achetés par les subventions et les passe-droits. Quant au « *récit officiel de la révolution, il a tellement romancé, édulcoré, biaisé et manipulé la réalité qu'il faudrait bien des ouvrages encore pour s'approcher de la vérité* ». Farid Alilat, (*Jeune Afrique*, 13 novembre 2016).

**Paradis des Algériens leur propre histoire ?**

Là encore, oui, parce que, pour oublier la réalité, les Algériens s'accrochent à elle à travers un nationalisme pointilleux. D'autant plus que des pans entiers de cette histoire fabriquée sont authentifiés par une certaine intelligentsia française qui à travers eux, poursuit son éternelle guerre contre son propre pays.

L'origine de la manipulation historique remonte au moment de l'indépendance, quand il fallut donner une cohérence aux différents ensembles composant la jeune Algérie. La nécessité de l'unité se fit alors, à travers un nationalisme arabo-musulman niant la composante berbère du pays. L'arbre algérien fut alors coupé de ses racines.

L'histoire qui fut alors écrite postula également l'unité de la population levée comme un bloc contre le colonisateur ; à l'exception toutefois d'une petite minorité de « collaborateurs », les *harkis*. Or, la réalité est une fois de plus différente car les Algériens ayant combattu dans l'armée française furent plus nombreux que les *fellagha* (voir chapitre VII).

Cette manipulation de l'histoire touche également les périodes plus anciennes. L'histoire officielle de l'Algérie présente ainsi Tlemcen ou Bougie, comme des pré-Algéries, alors que nous sommes en présence de principautés, certes brillantes, mais n'ayant jamais constitué de noyaux pré-étatiques algériens. Au même moment, avec Fès et Marrakech, le Maroc développait des empires à travers ses dynasties, qu'il s'agisse des Almoravides, des Almohades, des Saadiens, des Mérinides et des Alaouites. Rien de tel en Algérie. De plus, prises en étau entre le Maroc et Tunis, l'autonomie de Bougie et de Tlemcen ne fut que ponctuelle.

Les Turcs ne favorisèrent pas l'évolution vers l'État nation. Aussi, en 1830, quand l'armée française débarqua à Sidi Ferruch, l'Algérie n'existait toujours pas. Ce fut la France qui la créa en rassemblant ses régions, ses populations, en lui donnant son nom et ses frontières. En l'ouvrant sur un Sahara qu'elle n'avait jamais possédé... puisqu'elle n'avait jamais existé.

Là est le problème historique de l'Algérie. Les Algériens le ressentent et ils le connaissent. Ils s'interdisent le plus souvent de l'évoquer. D'autant plus qu'à l'ouest, au-delà de la Moulouya, campé sur ses siècles d'histoire nationale, le Maroc ne se prive pas de le leur rappeler...

Cette histoire officielle de l'Algérie interdit également toute cicatrisation avec la France[1]. Et pourtant, malgré un passé certes, parfois difficile, il existe entre la France et l'Algérie, assises des deux côtés de cette même table qu'est la Méditerranée, des liens humains, historiques, charnels, linguistiques, culturels, politiques et stratégiques. Or, ces derniers ne pourront véritablement être pris en compte que quand les cartes du passé cesseront d'être biaisées.

Cependant, comment pourraient-elles cesser de l'être quand le débat sur la colonisation de l'Algérie a échappé aux historiens pour être monopolisé par des groupes mémoriels ? Or, la **Mémoire** n'est pas l'**Histoire** (Heers, 2008).

Comme un juge d'instruction, l'historien travaille en effet à charge et à décharge quand le mémorialiste et le témoin sont, eux, en pleine subjectivité. De plus, ces deux derniers raconteront des histoires différentes et contradictoires car la mémoire du Français rapatrié d'Algérie n'est pas celle du soldat du contingent ou de l'Algérien nationaliste. Chacun peut certes écrire ou raconter **son** histoire. Elle enrichira la connaissance de l'Algérie à l'époque française, mais elle ne sera jamais l'histoire de l'Algérie française.

1 • Comment une telle cicatrisation serait-elle en effet possible quand, le 1er novembre 2016, le FLN, c'est-à-dire le parti gouvernemental algérien, publia un communiqué de nature injurieuse dans lequel il « réitère sa demande à la France de présenter des excuses officielles au peuple algérien pour les crimes commis durant les 132 ans de colonisation », tout en exprimant son attachement à « l'exigence légitime d'excuses de la France pour les crimes coloniaux perpétrés à l'encontre du peuple algérien » (afin de) « rappeler les affres de la répression, de la torture, de l'exil, de l'extermination et de l'aliénation identitaire subies par le peuple algérien » (car) « l'histoire du colonialisme restera marquée par ses crimes de sang et ses pratiques inhumaines » ?

Les Français rapatriés d'Algérie mettront ainsi en avant l'apport « civilisationnel », les politiques en matière de santé, l'éducation et les grandes réalisations dans les domaines des transports et des infrastructures. Tout au contraire, pour les Algériens d'aujourd'hui, quoiqu'elle ait pu faire et bâtir, la colonisation française est une fois pour toutes, perçue comme une humiliation. En Algérie, la subjectivité sensorielle est telle que la discussion est même impossible ; comme aux Antilles lorsque l'on évoque l'esclavage.

L'incommunicabilité entre les deux mémoires est donc totale. Les Français d'Algérie ont ainsi une logique comptable, alignant le nombre d'hôpitaux construits, les pourcentages d'enfants scolarisés ou encore les kilomètres de routes tracés, quand les Algériens parlent de dignité bafouée.

À l'applaudimètre de l'émotionnel, les seconds sont assurés d'être vainqueurs. Que pèse en effet un livre de comptes face à ce qui est ressenti comme une humiliation historique ?

Pour tenter de « reprendre la main » les Français d'Algérie devront alors mettre en avant leurs propres souffrances : exode de 1962, spoliation, attentats, assassinats, enlèvements. Mais, dans cette confrontation des mémoires, les jeux sont faits par avance parce que les colonisateurs sont toujours présentés comme des agresseurs et les colonisés comme des victimes.

La situation est pourtant insolite car les Algériens qui ne cessent d'accuser la France de les avoir colonisés, forcent aujourd'hui ses portes pour venir s'y faire soigner ou pour y trouver du travail…

# Chapitre I

## L'Algérie est-elle Berbère ou Arabe ?

« Nous sommes des Arabes, nous sommes des Arabes, nous sommes des Arabes !!! » (Ahmed Ben Bella, 5 octobre 1962)

« Le Maroc, l'Algérie et la Tunisie sont peuplés de Berbères que l'on qualifie audacieusement d'Arabes. » (Charles-André Julien, 1931/2)

« Il n'y a pas d'Arabes en Afrique du Nord, mais seulement des Berbères à différents degrés d'arabisation. » (Gautier, 1927)

Depuis l'indépendance de 1962, les dirigeants algériens affirment contre l'évidence, contre l'histoire et contre la toponymie, que l'Algérie est Arabe. Or, les Berbères[2] constituent le fond ancien de sa population. Leur longue histoire précédant de 10 000 ans la conquête arabo-musulmane (Lugan, 2012), la question est donc de savoir si la berbérité a été effacée par 12 siècles de « colonisation linguistique » et d'arabisation.

Au moment de la conquête française la grande majorité de la population algérienne était berbérophone[3]. Aujourd'hui, elle est arabophone. Blida et Boufarik totalement berbérophones en 1830 étaient devenues arabophones en 1962 ; quant à la Kabylie, elle-même, le berbère y recula à l'exemple de Bouira ou de Dellys aujourd'hui largement arabisées (Haddadou, 2003 : 132).

La colonisation française fut donc largement profitable à la langue arabe et cela pour une raison simple : après la révolte de 1871 (voir chapitre V), la Kabylie fut considérée comme peu

2 • Sur les Berbères, voir Camps (1980 ;1981), Malika Hachid (2000), Lugan (2012).

3 • *Tableau des établissements coloniaux français*. Recensement des tribus d'Algérie, 1845.

sûre et même comme un foyer rebelle, et cela, à la différence des régions « arabes » de l'ouest généralement demeurées dans la « fidélité » à la France.

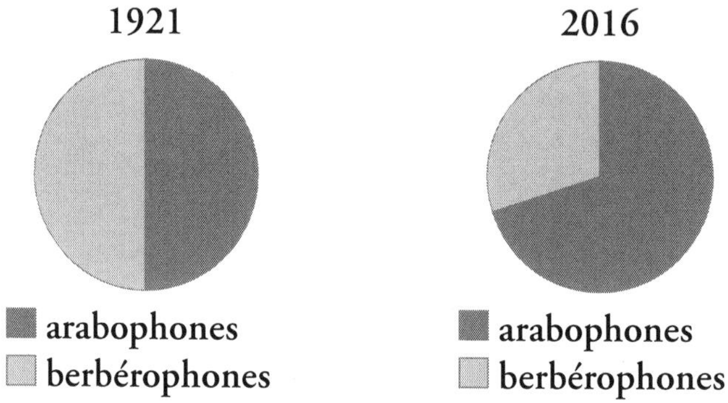


Durant la période française, le bloc berbère fut doublement entamé, à la fois par l'« école de la République » dont l'enseignement se fit en français et par l'usage administratif de la langue arabe. L'émigration kabyle vers la France favorisa également la déberbérisation.

Aujourd'hui, l'idéologie officielle arabo-musulmane dont les représentants sont au pouvoir à Alger soutient que :

> « Personne ne nie qu'il existe en Afrique du Nord des Arabes et des Berbères, mais la fusion ethnique sur une large échelle, la communauté de l'histoire, de la religion, de la culture et des institutions ont réduit leurs différences à de simples caractéristiques régionales. Une évolution irréversible a ainsi conduit les Berbères à s'intégrer définitivement au monde arabe, qui sur le plan ethnique n'a jamais été essentiellement arabe, la langue et la culture même populaire l'emportent sur la race ». (Article paru dans *Al Istiqlal* le 12 octobre 1956, cité par Kaddache, 1980).

Cette idée a été exprimée d'une manière « abrupte » en 1962 par Abderrahmane Ben Hamida, ministre algérien de l'Éducation nationale, quand il déclara que « Les Berbères sont une invention des Pères Blancs »[4].

L'histoire officielle algérienne a été récemment renouvelée par Yassin Temlali (2015) dans un livre publié à Alger et dans lequel l'auteur écrit que la « conscience culturelle et politique kabyle » est née avec la colonisation française entre 1830 et 1962. Être Kabyle ne serait donc pas inné, mais acquis[5]. En préambule, Temlali écrit que son but est d'éviter :

> « [...] la parcellisation du territoire » à travers l'éclatement de l'histoire algérienne en récits ethniques qui ranimeraient les tensions intercommunautaires antérieures ».

Son livre est donc une tentative de modernisation de cette idéologie arabo-musulmane que les dirigeants algériens plaquent sur le pays afin d'occulter une berbérité renvoyant à une autre culture, une autre langue, une autre histoire, une autre identité ; celles d'avant la conquête arabo-musulmane du VIIIe siècle.

Yacine Temlali qui ne peut nier l'évidence de l'existence des Kabyles, attribue donc leur genèse à la colonisation. Leur histoire et leur identité leur ayant été retirées, les Kabyles ne sont dès lors plus qu'un fantasme colonial. De plus, l'auteur s'emploie à limiter la dimension berbère ramenée à la seule

---

4 • Sur la question de la conversion des Berbères d'Algérie au christianisme, voir Dahbia Abrous (2007). Pour ce qui est des analyses racialistes berbérisantes, voir Gilles Boëtsch (2006).

5 • « La distinction entre Berbères et Arabes est-elle une construction idéologique et politique héritée de la colonisation ou présente-t-elle une valeur heuristique ? » (Bonte, 2009:1).

définition kabyle[6] et cela, à l'issue d'une démarche sophistique en trois points :

1 - L'Algérie est faite de couches successives : berbère, arabe, turque et française.

2 - Or, on ne parle de Kabylie qu'à partir du moment où la France colonise l'Algérie.

3 - La revendication kabyle est donc une construction héritée de la colonisation.

L'erreur est évidemment totale car :

1 - La rétractation berbère qui est le produit de l'histoire, fait qu'aujourd'hui, l'identité berbère survit essentiellement en Kabylie, dans les Aurès et dans le Mzab.

2 - La question berbère ne se limite pas à la Kabylie, région géographique dans laquelle vivent les Kabyles, une des populations berbères survivantes de la Berbérité pré-islamique. De la même façon, la Bretagne est une région dans laquelle vivent des populations survivantes de la celtitude pré-romaine. Pour autant, ni les unes ni les autres n'ont été créées par la colonisation, qu'elle soit romaine ou arabo-musulmane.

Le fond du problème est que, pour les tenants de la thèse de l'arabo-islamisme, la conversion à l'islam a marqué la fin de l'histoire des Berbères car :

> « Dans l'optique du mouvement nationaliste algérien, la conversion massive des Berbères à l'Islam, il y a quatorze

6 • L'origine du mot kabyle pourrait être arabe. Les conquérants ayant nommé Qbayel, les habitants des tribus. Pour les Kabyles, la Kabylie, c'est-à-dire, la région comprise entre Alger et Constantine et qui dominée par les massifs du Djurdjura, des Bibans et des Babors, a pour nom *Tamurt*, la Patrie.

> siècles, les inscrit de façon irréversible dans l'aire culturelle de l'Islam et de l'arabité. Cette conception est encore aujourd'hui illustrée par la formule en cours dans les milieux officiels : Nous sommes berbères mais l'Islam nous a arabisés » (Haddadou, 2003 : 133).

Aboulkacem El Khatir a exhumé un texte paru dans la revue militante *Al Maghrib* et dans lequel, au nom du nationalisme arabe, il est écrit que n'ayant pas de généalogie, les Berbères ne peuvent accéder au Paradis que s'ils se rattachent à des lignées arabes. (El Khatir, 2006).

**L'Algérie un élément de *Tamazgha***

L'Algérie fait partie de *Tamazgha*, le pays des Berbères. Avant la conquête arabo-musulmane, *Tamazgha* s'étendait de l'Égypte aux îles Canaries et vers le sud, jusqu'au « pays des Noirs », le bilad al-Sudan des Arabes[7].

Les Berbères formaient à l'origine une seule population qui fut peu à peu fragmentée par une histoire complexe et mouvementée, leur horizon se rétractant sur des territoires de plus en plus morcelés[8], phénomène qui s'accentua à partir du XVI$^{e}$ siècle.[9]

7 • Pour les anciens Grecs, tous les habitants du nord de l'Afrique, depuis les franges désertiques de l'ouest égyptien jusqu'au détroit de Gibraltar, les *Colonnes d'Hercule,* étaient des Libyens, nom probablement tiré de la tribu des Lebu vivant en Cyrénaïque. Toujours selon les anciens Grecs, vers le sud, le monde libyque prenait fin là où débutait le pays des Noirs, ceux qu'ils appelaient les Ethiopiens (*Aethiops* : peau foncée).

8 • La diversité linguistique illustre bien ce phénomène : *tarifit* (dans le Rif), *tamazight* (dans les Atlas), *tachelhit* (dans le sud marocain) *tachaouit* et *taqbaylit* ailleurs dans l'actuelle Algérie, etc. C'est d'ailleurs par leur origine linguistico-régionale qu'ils s'identifient. Ainsi, les Rifains (*Irifiyen* ou *Ichelhiyen*), les Chaouia (Chaouis) des Aurès (*Ichawiyen*), les Kabyles (*Iqbayliyen*), les Touaregs (*Ihaggaren*), etc (Lefèbure, 2008 et 2009). Pour ce qui est de l'écriture berbère on se reportera à Gabriel Camps (1978) et à Salem Chaker (sd-en ligne).

9 • Pour une étude d'ensemble du phénomène berbère et l'état actuel des connaissances, voir Lugan (2012).

Les études génétiques (Lucotte et Mercier, 2003) prouvent que le fond ancien de peuplement de toute l'Afrique du Nord, de l'Égypte[10] au Maroc, est Berbère. La génétique a en effet permis d'établir l'unité originelle des Berbères. Elle a également montré que le fond de peuplement berbère n'a été que peu pénétré par les Arabes.

L'*haplotype* ***Y V*** qui est le marqueur des populations berbères se retrouve en effet à 58% au Maroc avec des pointes à 69% dans l'Atlas, à 57% en Algérie, à 53% en Tunisie, à 45% en Libye et à 52% dans la basse Égypte (Lucotte et Mercier, 2003). (Carte p. 130)

Les recherches portant sur l'allèle O ont montré que les Berbères vivant dans l'oasis de Siwa, en Égypte, à l'extrémité est de la zone de peuplement berbère présentent des allèles Oo1 et Oo2 similaires à celles retrouvées chez les Berbères de l'Atlas marocain (Amory et alii, 2005), lesquels sont proches des anciens Guanches des Canaries, ce qui établit bien la commune identité berbère[11].

En Algérie, la question kabyle s'est posée avec une acuité particulière dès l'indépendance de 1962, rythmée par des épisodes sanglants ayant débuté par la guérilla du FFS en 1963, suivie par le mouvement du « Printemps berbère » en 1980, puis par la « grève du cartable » durant les années 1994-1995, par les émeutes de 1998 qui suivirent l'assassinat du chanteur Matoub Lounès et enfin par le mouvement dit des « Aarchs » en 2001 et 2002.

Pour les dirigeants algériens, la revendication berbère fut constamment présentée comme une conspiration séparatiste dirigée contre

10 • Aujourd'hui, les derniers berbérophones d'Égypte se trouvent dans l'oasis de Siwa située à environ 300 km à l'ouest du Nil (Fakhry,1973 ; Allaoua,2000).

11 • Pour tout ce qui traite de l'anthropologie biologique dans la résolution des hypothèses relatives à l'histoire et à l'origine du peuplement berbère, voir Larrouy (2004).

l'islam et la langue arabe. Voilà pourquoi dès 1962, le gouvernement algérien supprima la chaire de kabyle de l'université d'Alger. Cette mesure symbolique annonçait l'orientation qu'il comptait donner au pays, la légitimité du régime s'ancrant sur la négation de son histoire et de sa composition ethnique.

Pour les dirigeants algériens, le fait d'être musulman impose en effet que l'on se rattache à la «nation», à la «civilisation arabe».

Comme les berbéristes rejetaient le dogme fondateur de l'Algérie arabe et musulmane, comme l'*amazighité* affirmait la double composante du pays, berbère et arabe, le parti FLN parla de dérive «ethnique», «raciste» et «xénophobe» menaçant de détruire l'État. La supériorité de l'arabe étant postulée, l'*amazigh* fut donc vu comme un danger pour l'unité nationale et la reconnaissance de la berbérité comme une menace existentielle pour le nationalisme algérien et son vecteur, la langue arabe:

> «[...] creuset dans lequel s'est constitué un patrimoine culturel qui transcende les spécificités ethniques des Musulmans.» (Laroussi, 2003: 144).

Face au rouleau compresseur du FLN, et après l'échec de la rébellion kabyle de 1963, la revendication berbère fut estompée. C'est ainsi qu'Aït-Ahmed ne parla pas de berbérité, mais de socialisme et de démocratie. Le *Front des Forces Socialistes,* pourtant à recrutement quasi exclusivement berbère qu'il créa en 1963, n'eut donc aucune lisibilité, son substrat ethnique s'étant replié sur le non-dit. Après s'être évadé de prison en 1966, Aït-Ahmed partit pour l'exil et son influence fut plus que limitée.

Avec le colonel Boumediene qui fut au pouvoir de 1965 jusqu'à sa mort en 1978, la politique d'arabisation devint systématique, fondée sur les conclusions de la 1^er^ conférence nationale sur l'arabisation qui se tint du 14 au 17 mai 1975, et qui fit totalement encadrer le pays par la langue arabe, niant toute existence au *tamazight*.

La question fut, de plus, obscurcie par un non-dit additionné à une frustration car les Kabyles et les Chaoui (habitants des Aurès) qui avaient mené la guerre contre la France se retrouvèrent au lendemain de l'indépendance, citoyens d'une Algérie algérienne arabo-musulmane niant leur identité. Comme la nécessité de l'union contre la France les avait poussés à mettre entre parenthèses leur revendication identitaire, ils comprirent, mais un peu tard, qu'ils avaient laissé le champ libre aux arabophones. Le problème fut encore compliqué par le fait que bien des dirigeants partisans de la politique de l'arabité étaient des Berbères arabisés ; ainsi les anciens présidents Houari Boumediene, Chadli Benjedid ou Liamine Zeroual.Nous touchons là au cœur du problème qui est celui de l'arabisation des Berbères. Ainsi, certaines tribus des Aurès qui n'ignorent pas qu'elles sont d'origine berbère sont aujourd'hui arabisées comme les Bouazid, les Ouled si Ahmed Benameur, les Ouled Derradj ou les Beni Tazaght, etc.

Durant toute la guerre d'indépendance algérienne, et même quand ils étaient d'origine berbère, les dirigeants arabophones du FLN, firent tout pour marginaliser les chefs kabyles, allant jusqu'à liquider les plus gênants d'entre eux, comme Abane Ramdane ou Amirouche, et isolant les autres comme Krim Belkacem[12] ou Aït-Ahmed (mort le 23 décembre 2015).

Les souvenirs de l'éviction des Berbères par les tenants de la ligne arabo-islamiste, furent enfouis sous le non-dit. Cependant, comme ils n'avaient été qu'estompés, ils resurgirent avec une

12 • Ce dernier avait pourtant défendu la ligne de l'union du courant nationaliste et abattu certains berbérophones qui refusaient de la suivre.

grande intensité comme l'a montré la polémique qui suivit la parution du livre que Saïd Sadi (2010) – leader du RCD (*Rassemblement pour la Culture et la Démocratie*) parti kabyle –, consacra à Amirouche et qui provoqua un débat d'une grande intensité dans la presse algérienne.

La thèse de l'auteur est en effet au cœur de la problématique et même du contentieux arabo-berbère : le colonel Amirouche, chef emblématique du maquis kabyle et de la wilaya III qui fut tué dans une embuscade, aurait été donné aux Français par ses rivaux arabes du MALG (*Ministère de l'Armement et des Liaisons Générales*, le service de renseignement de l'ALN), notamment par Abdelhafid Boussouf et par Houari Boumediène qui auraient ainsi écarté un dangereux concurrent. Les héritiers des comploteurs, actuellement au pouvoir en Algérie, auraient ensuite effacé sa mémoire du panthéon national algérien afin d'éviter qu'un culte patriotique lui soit rendu.

## La renaissance berbère

Ce fut à l'étranger que se reforma le courant berbériste, notamment à Paris. En 1967 y fut fondée l'*Académie Berbère d'Échanges et de Recherches Culturels* qui se transforma, deux ans plus tard, en 1969, en *Académie Berbère* dont la revendication fut plus militante.

Au même moment, en Algérie même, l'omniprésence du FLN et de son pouvoir répressif firent que le berbérisme fut à la fois nié et étouffé. C'est la raison pour laquelle au mois d'avril 1980, sa renaissance au grand jour provoqua une immense surprise. Tout partit de l'interdiction d'une conférence du romancier et homme de Lettres, Mouloud Mammeri à Tizi Ouzou, au mois d'avril 1980, événement qui fut le signal du *Printemps Berbère.*

En 1988, l'ouverture démocratique donna une forte impulsion à la revendication berbériste avec la création du MCB (*Mouvement culturel berbère*) qui cessa de s'abriter derrière les paravents politiques qui en masquaient la force ; elle devint dès lors plus lisible et fut clairement exprimée :

> « Le berbère est notre langue – et non l'arabe – : nous voulons être reconnus en tant que berbérophones et bénéficier de tous nos droits culturels en tant que tels. Notamment une scolarisation généralisée en langue berbère et une utilisation systématique du berbère dans la vie publique » (Chaker, 1989 : 5).

Le retour en force de la berbérité fut brisé en 1989 quand Abbassi Madani et Ali Belhadj créèrent le FIS (*Front Islamique du salut*) dont le programme était la création d'un État islamique arabe. Au mois de juin 1990, le mouvement remporta les élections municipales. Pour tenter de freiner la montée du courant islamiste, les autorités lui donnèrent alors des gages en renforçant encore l'orientation arabo-musulmane de l'Algérie[13]. C'est ainsi que la Constitution du 23 février 1989 dans son *article 2* déclare que l'islam est la religion d'État, et dans son *article 3* que l'arabe est langue nationale et officielle. Puis, au mois de juillet 1989, une loi fut votée qui interdit la formation de partis politiques sur des bases linguistiques. Cette loi visait directement les berbéristes du RCD (*Rassemblement pour la Culture et la démocratie*), second grand parti à base berbère après le FFS (*Front des Forces socialistes*) d'Aït-Ahmed.

Le 16 janvier 1991, fut votée une seconde loi qui renforça encore davantage l'exclusivisme de la langue arabe, de fortes amendes étant prévues pour les contrevenants.

---

13 • « La poussée islamiste qui au Maghreb, se conjugue avec arabisme, contraint les autorités à une surenchère islamisante et arabisante » (Chaker, 1989 : 2).

La contestation berbère reprit ensuite avec la « grève du cartable » quand, durant les années 1994-1995, les élèves kabyles boycottèrent les écoles. Ce mouvement réussit à faire plier les autorités qui créèrent le HCA (*Haut Commissariat à l'Amazighité*), rattaché à la Présidence, puis la langue berbère fut introduite dans le système scolaire. Comme l'écrit Mohand-Akli Haddadou (2003 : 137), ces mesures étaient « une rupture avec le monolithisme linguistique et culturel imposé depuis les indépendances ».

La prise de conscience fut accélérée en 1995 avec la création du *Congrès mondial amazigh (CMA)* dont la plate-forme était « la défense et la promotion de l'identité culturelle de la Nation amazigh ». Le CMA unifia plusieurs dizaines d'associations autour de l'idée – ou du mythe –, de la *Grande Berbérie*, la *Tamazgha*. Puis la revendication se réenracina au Maghreb où le nouvel élan berbériste prit la forme d'un mouvement transnational, parfois en phase de radicalisation puisque, chez certains, le discours alla jusqu'à parler de « totalitarisme arabo-islamique » ou même, comme l'a dit Kated Yacine, de colonisation arabe :

> « L'Algérie française a duré cent trente ans. L'arabo-islamisme dure depuis treize siècles ! L'aliénation la plus profonde, ce n'est plus de se croire français, mais de se croire arabe. Or, il n'y a pas de race arabe, ni de nation arabe. Il y a une langue sacrée, la langue du Coran dont les dirigeants se servent pour masquer au peuple sa propre identité ». (Kated Yacine).

Cette idée de nouvelle colonisation qui est aujourd'hui récurrente, a bien été exprimée par Saïd Sadi, leader du RCD (*Rassemblement pour la Culture et la Démocratie*), parti kabyle qui présente cette nouvelle colonisation comme ayant débuté dès le départ des Français.

En 1998, de très violentes émeutes suivirent l'assassinat du chanteur Matoub Lounès et le climat devint insurrectionnel. Au mois d'avril 2001, une vague de fond secoua la Kabylie à la suite de la mort d'un lycéen prénommé Massinissa, abattu par la gendarmerie à Beni Douala ; puis, le 14 juin, des Kabyles marchèrent sur Alger avant d'être durement réprimés par la police.

Dans le prolongement de cette prise de conscience, se forma le mouvement dit des *Arouch (arch* au singulier), terme qui désignait, avant la colonisation, l'union des tribus pour le temps de la guerre, et qui s'imposa comme l'interlocuteur de fait, du pouvoir algérien (Haddadou, 2003 : 131).

Après 2001 la revendication berbériste fut endormie par les deux partis kabyles, FFS et RCD[14]. N'ayant pas soutenu le mouvement des *Arouch*, ils l'avaient en quelque sorte asphyxié. Durant l'année 2003, ce dernier éclata en deux tendances dont l'une fut récupérée par l'État algérien, cependant que l'autre, incorruptible, s'étiola jusqu'à disparaître.

Il s'ensuivit un immense désenchantement et les militants berbères qui ne voulurent pas renoncer choisirent d'abandonner le terrain politique pour mener le combat culturel.

Cette évolution fut en définitive, profitable au berbérisme car le domaine de l'histoire, celui qui lui permettait de retrouver ses racines les plus profondes, fut réinvesti[15]. Ce retour aux sources fit alors déchirer le voile de l'histoire officielle enseignée depuis

14 • En réaction, le Mouvement pour l'Autodétermination de la Kabylie dont l'appellation primitive était Mouvement pour l'Autonomie de la Kabylie, fut fondé en 2001 avec pour objectif la tenue d'un référendum d'autodétermination devant donner naissance à l'indépendance de la Kabylie et donc à la création d'un État kabyle (www.makabylie.org).

15 • Au mois de février 2003, l'association *Aurès El-Kahina* érigea une statue de la Kahina au centre de la ville de Baghaï.

1962. Les Berbères découvrirent alors ce qui se murmurait, à savoir qu'ils sont les « dindons de la farce » de l'indépendance algérienne. Des livres furent publiés qui montrèrent comment le mouvement nationaliste algérien, berbériste à ses origines, fut détourné par les arabo-islamistes.

Au mois d'avril 2002, le *tamazight* fut reconnu comme langue nationale par un pouvoir arabo-islamique qui tentait de « garder la main » au prix de concessions de façade. En effet, alors qu'au Maroc, le *tamazight*, reconnu comme langue nationale depuis 2002, doit être enseigné à tous les élèves, en Algérie, seuls les enfants déjà berbérophones pourront suivre un enseignement dans cette langue. Cette mesure clairement destinée à cantonner le berbère dans ses limites actuelles, avait pour but de le sanctuariser en lui interdisant de reconquérir sa place naturelle.

En réalité, en Algérie, rien n'a changé puisque, le 16 décembre 2011, lors du Comité Central du FLN, son secrétaire général, Abdelaziz Belkhadem déclara :

> « La sacralité des constantes nationales est consensuelle, à savoir l'islam religion d'État, l'arabe langue officielle, le régime républicain, l'unité nationale et territoriale et l'option démocratique. » (Cité par Saâd, 2011).

# Chapitre II

# Comment des Berbères chrétiens sont-ils devenus des Arabes musulmans ?

Poser cette question revient à nous interroger :

1 - sur la réalité de la romanisation et de la christianisation de l'Algérie ;

2 - sur les modalités de la conquête arabe ;

3 - sur l'ethnogenèse du peuplement de l'Algérie.

## Mythes et réalité de la romanisation et de la christianisation de l'Algérie

Quelle fut la profondeur de la christianisation des Berbères de l'actuelle Algérie, et encore plus en amont, quelle fut celle de leur romanisation ? Cette dernière fut-elle superficielle, voire inexistante comme le pensaient Emile-Félix Gauthier (1927), Christian Courtois (1942) et avant eux le R.P. Mesnage (1913), un missionnaire Père Blanc, qui écrivait que :

> « Derrière l'Afrique officielle ou semi-officielle [...] vit et prospère [...] une population nombreuse et active qui garde ses lois, ses usages, ses croyances et ne se rapproche de la civilisation romaine à laquelle sa nature est étrangement rebelle que dans les limites de ses besoins très restreints [...] Aujourd'hui, je crois à la faillite complète de la romanisation de l'Afrique. C'est du reste la seule explication rationnelle de la disparition si rapide de la civilisation romaine en ce pays » (Mesnage, 1913).

Le R.P. Mesnage soutenait donc, que le monde berbère de la campagne et des montagnes d'une part, et celui des urbanisés romains ou des Berbères romanisés d'autre part, vivaient sans contacts, parallèlement, sans se connaître.

Massinissa roi des Numides (240-148 av.J.C)

Aujourd'hui, les historiens ont une vision plus mesurée car plus régionale, la réalité étant que la romanisation et la christianisation des Berbères algériens furent inégales. Profondes de l'actuel Constantinois au littoral algérois et de plus en plus lâches à l'ouest d'Alger, à l'exception toutefois de ports comme Tipaza ou Cherchell. Vers l'ouest, entre l'actuelle Oranie et l'actuel Maroc, le dernier poste romain était situé à proximité de Lalla Marnia (Maghnia) (carte p. 134), à l'est de la Moulouya, il s'agissait de *Numerus Syrorum*, tenu un temps par des chameliers syriens. Il n'y avait pas de liaison terrestre aménagée entre la Maurétanie Césarienne et la Maurétanie Tingitane, c'est-à-dire entre l'actuelle Algérie et l'actuel Maroc. Dans l'actuel Maghreb, si plus de 500 établissements romains de type urbain ont été identifiés et répertoriés, les trois-quarts le furent dans une région comprise entre l'ouest d'Alger et la Tunisie actuelle.

Dans l'actuelle Algérie, Rome chercha à contrôler prioritairement les zones « utiles », d'où sa politique défensive et son souci de constituer des *limes* (Euzennat, 1986 :573-583) prolongés de quelques points d'appui placés sur les pénétrantes sahariennes. Ainsi Sitifis (Sétif), où fut installée une colonie de vétérans, Cuicul (Djemila), Biskra (Vescera), Castellum Dimmidi, (entre Djelfa et Laghouat), Tolga à 40 kilomètres au sud de Biskra. Ce dispositif militaire avait pour centre Timgad (carte p. 134).

Contrairement à ce que pensait le R.P. Mesnage (1913, voir plus haut) la romanité pénétra les massifs montagneux. Abdelmalek Nasraoui (2005) a ainsi montré que l'Aurès «profond» fut influencé par Rome, comme en témoignent de nombreuses ruines en des endroits très éloignés des grands centres romains, ce qui devrait nous inciter à:

> «[...] revoir la notion trop simplifiée de deux mondes juxtaposés, l'un romain et civilisé, l'autre maure et barbare». (Nasraoui, 2005:299).

La romanité ouvrit la voie à la christianisation. Cette dernière épousa les limites de l'Empire, mais elle fut déchirée par les querelles religieuses et elle ne survécut guère à la fin de la romanité.

Dans toute la Berbérie, à l'exception de la Maurétanie Tingitane, (l'actuel Maroc), la chrétienté fut florissante[16]. Du 1er au VIIè siècle, 175 localités de l'actuelle Algérie et 141 de l'actuelle Tunisie – mais seulement 2 dans l'actuel Maroc –, étaient des sièges épiscopaux. Dans la seule Maurétanie Césarienne, l'actuelle Algérie centrale et occidentale, en 484, il y avait 120 évêques catholiques (Février, 1990:155).

La richesse de l'Église de Berbérie, l'actuel Maghreb, fut illustrée le 1er juin 411 quand l'empereur Honorius fit ouvrir une Conférence à Carthage à laquelle assistèrent 286 évêques catholiques – sur un total de 470 sièges – et 279 évêques donatistes – pour 450 évêchés[17]. L'histoire de cette Église

16 • Pour tout ce qui concerne le christianisme dans le nord de l'Afrique, voir François Decret (1996 et 2002). Pour une synthèse historique concernant les premiers siècles du christianisme en Afrique, il sera utile de se reporter à l'ouvrage du Père Dominique Arnauld (2001).

17 • Sur l'église d'Afrique du Nord au moment de la conquête arabo-musulmane, on lira, entre autres, du R.P. Joseph Cuoq, (1984 et 1991).

berbère qui fut bien étudiée, notamment par le R.P. Cuoq (1984), est riche et complexe. Elle a donné trois papes – Victor 1er (189-199), Miltiade (311-314) et Gélase (492-496) –, des saints illustres – Tertullien, Cyprien, Augustin –, ainsi que de multiples martyrs.

Ce monde chrétien connut de graves et profondes querelles théologiques[18] qui perturbèrent les convertis (Cuoq, 1984,1991), les deux principales étant le *donatisme* et l'*arianisme*.

Le *donatisme* naquit en 307 quand Caecilianus fut élu évêque de Carthage. Cette élection provoqua l'opposition d'une fraction du clergé et des fidèles qui reprochaient au nouvel élu son attitude ambiguë durant les persécutions des années 284-304. Un concile fut alors réuni, à l'initiative des opposants menés par Donat, évêque de Casae Nigrae (Baghai), dans l'actuelle wilaya de Kenchela. L'élection de Caecilianus y fut déclarée nulle et Donat fut proclamé à sa place.

Donat, qui vécut entre ± 270 et 355, considérait qu'il était impossible de réintégrer dans le christianisme ceux qui, à la suite des persécutions, notamment celles de Dioclétien en 303 et 304, avaient renié leur foi pour échapper à la mort. Des centaines de milliers de personnes se trouvèrent ainsi exclues de l'Eglise[19]. Afin de tenter de régler cette question, en 313, à Rome, une commission conciliaire fut réunie sous l'autorité du pape et

18 • François Decret s'interroge à ce propos : « Schismes et hérésies ont tellement marqué l'aventure du christianisme en Berbèrie qu'on peut se demander si, dans cette chrétienté fort ancienne et profondément implantée, la véritable tradition n'a pas été représentée par ces courants dissidents qui l'ont parcourue jusqu'à sa disparition, plutôt que par l'orthodoxie officielle de la Grande Église. Certes, de tous ces mouvements, le donatisme aura été le plus « africain », le seul qui soit né sur cette terre où il s'épanouit, plus de trois siècles durant » (Decret, 2002 : 2).

19 • Pour un bilan concernant les interprétations anciennes et modernes du donatisme, voir Février (1990 : 172-175) et pour le donatisme en général, voir Frend (1952) et Tilley (1997).

elle confirma l'élection de Caecilianus. L'empereur Constantin (306-337) confirma ensuite cette décision, lui donnant un caractère officiel et faisant ainsi de ceux qui la contesteraient des rebelles à son autorité. La dissidence prenant alors une tournure à la fois religieuse et politique, les persécutions des donatistes débutèrent.

Puis, en 321, Constantin promulgua un édit de tolérance qui permit aux donatistes de prendre un essor considérable, d'autant plus qu'il fut amplifié par le mouvement des *circoncellions,* cette jacquerie du petit peuple berbère des campagnes qui se forma en bandes de pillards[20].

Entre le début du V$^{e}$ siècle et l'année 647, date de la première incursion arabo-musulmane, en plus des querelles religieuses et sociales, le monde berbèro-romano-chrétien de l'actuelle Algérie fut confronté à deux intrusions, celle des Vandales au V$^{e}$ siécle, suivie par celle des Byzantins au VI$^{e}$ siècle.

Durant son siècle d'existence (± 430-533), le royaume vandale n'épousa pas les limites de l'ancienne Afrique romaine[21], se limitant à la Numidie, à la Byzacène, à une partie de la Proconsulaire et de la Tripolitaine[22], soit de l'est de l'Algérie actuelle à la région de Tripoli (carte p.135).

---

20 • « Les circoncellions – de circum cellas, ceux qui vont de grange en grange – étaient des saisonniers ou des journaliers qui se louaient au temps de la moisson ou de la cueillette des olives (…) Il s'agissait en fait de la révolte d'une petite paysannerie endettée, écrasée par les conditions économiques. Voyant leur situation empirer, ces déshérités aspiraient à une « révolution sociale ». (Decret, 2002 : 2-3).Sur les Circoncellions, voir Lepelley (1994).

21 • Pour tout ce qui concerne l'Afrique vandale et byzantine il est indispensable de se reporter au n° 10 (2003) de la revue Antiquité Tardive et plus particulièrement aux articles d'Yves Moderan et de Pol Trousset. Pour l'étendue des régions sous autorité vandale, voir Modéran (1999).

22 • La Sitifienne en fit peut-être partie durant la seconde moitié du V$^{e}$ siècle.

La présence vandale eut de profondes conséquences sociales et politiques, mais également religieuses car les Vandales avaient adhéré à l'hérésie arienne, ce qui provoqua une fracture supplémentaire du monde chrétien et la persécution des catholiques ; d'où un affaiblissement de la chrétienté locale.

Dans un premier temps, certaines tribus berbères s'allièrent aux Vandales. En 455, quand Genséric prit Rome, il comptait ainsi parmi ses troupes ceux que les Romains puis les Byzantins nommaient les Maures[23], c'est-à-dire les Berbères. L'actuelle Algérie fut concernée quand les rapports entre les Vandales et les Berbères des Aurès changèrent de nature après la mort de Genséric. C'est ainsi que Gunthamund (484-496), son successeur, dut combattre les tribus de l'Aurès, et cela, à plusieurs reprises.

Dès 484, dans les Aurès, Masties se proclama indépendant. Né vers 400 apr.J.-C. dans la région d'Arris et mort en 494[24], il fut le fondateur d'un royaume éphémère qui contrôla, outre l'Aurès, une partie de l'actuelle Tunisie et de la Tripolitaine.

Au mois d'août 533, une armée byzantine forte de 9000 fantassins et de 5000 cavaliers, commandée par le général Bélisaire débarqua dans la région d'Hadrumète (Sousse)[25].

---

23 • « Au VI<sup></sup>e siècle, le Maure est certainement toujours un autochtone africain que les Romains jugent « non romanisé » (Modéran, 2003 : 11). Pour l'emploi de Maure et de Berbère, voir Modéran (2003, note 36, page 11).

24 • Il eut pour successeur Iaudas (Iabdas) même si Orthaïas revendiquait sa filiation.

25 • Pour tout ce qui concerne les opérations militaires, on se reportera à Alain Alexandra (2003). Sur Bélisaire, voir Chassin (1957). Pour tout ce qui concerne les aspects militaires de la période byzantine, on se reportera à Pringle (1981).

Au mois d'avril 534, l'empereur Justinien ordonna que son autorité soit établie sur toute l'ancienne Afrique romaine dans ses frontières existant au moment de l'invasion vandale, tous ses habitants étant considérés comme des sujets de l'Empire. Or, les instructions données par Justinien étaient en total décalage avec la réalité ethnographique, historique et politique de la région car elles faisaient référence à une situation remontant au III^e^ siècle et qui avait évolué en profondeur depuis. De plus, cette politique prenait l'exact contre-pied de celle qui avait été suivie au tout début de la conquête byzantine, une année auparavant, et qui reposait au contraire sur la prise en compte de la nouvelle occupation de l'espace par certaines tribus berbères.

Ces dernières considérèrent alors que l'Empire leur avait menti et que les promesses qui leur avaient été faites par Bélisaire n'avaient été que des moyens de les détacher des Vandales. Deux logiques s'affrontèrent alors :

- Celle des chefs berbères qui avaient rallié Bélisaire en 533 et qui avaient cru comprendre qu'en remerciement de leur appui, les Byzantins reconnaissaient leur installation sur d'anciens territoires romains ainsi que leur autonomie, en échange de leur acceptation de l'autorité de l'Empereur ;

- Celle des Byzantins qui voulaient tout au contraire croire que ces chefs berbères admettaient le retour entier de la romanité avec son corollaire qui était leur expulsion vers leurs régions d'origine situées hors des limites de l'Empire.

Dès le printemps 534, commença ainsi une longue série d'insurrections qu'il est possible de ramener à trois grands mouvements :

1 - La première guerre dura de 534 à 539 et elle se déroula essentiellement dans les Aurès et en Byzacène (l'actuelle Tunisie). Ses chefs furent Cusina (Cutzinas) et Iaudas. La chance des Byzantins fut qu'Antalas, un des principaux chefs berbères des Aurès, refusa de s'associer à la révolte et demeura l'allié de l'Empire jusqu'en 543.

En 535, Solomon, le successeur de Bélisaire, battit Cusina (Cutzinas)[26], le chef des Nemencha, à la bataille du mont Burgaon (le jebel Bou Ghanem à l'est de Tebessa), puis il en fit ensuite son allié contre Iaudas (Yabdas, Iabdas), un des principaux chefs des Aurès (Modéran, 2000). Après avoir obtenu la neutralité de Masuna, chef de l'ancienne Maurétanie sitifienne (région de Sitifis, l'actuelle Sétif, découpée sur la Maurétanie Césarienne sous le règne de Dioclétien entre 286 et 305 après J.-C.), et celle d'Ortaias[27] chef de l'Aurès occidental, il lança une campagne contre Iaudas. Ce fut un échec et il retourna à Carthage.

En 539, Justinien renomma Solomon[28] à la tête de l'armée d'Afrique. Ce dernier entama une seconde campagne dans les Aurès où il livra de rudes combats, notamment au sud de Baghai où Iaudas fut vaincu. Durant quelques années, le calme revint.

2 - En 543, les Aurès se soulevèrent à nouveau, mais sous les ordres d'Antalas cette fois[29]. En 545, le général Areobindus, préfet du prétoire et successeur de Solomon, fut battu.

26 • Cusina était un berbéro-romain puisque son père était Berbère et sa mère Romaine. Exerçant son commandement vers 535 sur une partie de la région, en 539, les Byzantins lui reconnurent une autorité élargie. Puis, en 548, il reçut le titre d'*exarque des Maures* (Modéran,2005b :453-454).

27 • Sur Ortaias, voir l'*Encyclopédie berbère*, volume 8 , rubrique *Aurès*.

28 • Solomon avait quitté l'Afrique en 536, après la précédente campagne.

29 • Antalas qui avait refusé de s'associer à la révolte de 534 n'avait donc pas été expulsé des terres qu'il occupait.

Justinien rappela alors du front oriental un de ses meilleurs généraux, Jean Troglita[30] auquel, à la fin de l'année 546, il confia le gouvernement de l'Afrique (Modéran, 1986, 2003b, 2008b).

Avec Jean Troglita, nous assistons au retour à une politique réaliste prenant appui sur les « grands féodaux » ; en quelque sorte, la « méthode Lyautey » avant la lettre. Un contemporain, Jordanès, a ainsi pu écrire que « Jean (Troglita) vainquit les Maures rebelles au moyen des Maures pacifiés » (Cité par Modéran, 2005 :454).

En 547, Cusina (Cutzinas), le chef de la région des Nemencha étant allié aux Byzantins, ainsi d'ailleurs que Iaudas, chef d'une partie des Aurès, Jean Troglita fut en position de force. Il attaqua alors Antalas qui était à la tête d'une autre partie des tribus des Aurès et il le battit.

En récompense de sa fidélité, Cusina se vit reconnaître le commandement de l'ensemble de l'Aurès[31] qui devint une sorte d'État vassal de l'Empire byzantin, et sur lequel il régna jusqu'en 563. (Modéran, 1990, 1994, 2005b).

3 - En 563 la parenthèse de paix fut refermée[32] après que le gouverneur Jean Rogathinos eut fait assassiner (exécuter ?) Cusina pour des raisons inconnues (Modéran, 1994), ce qui provoqua le soulèvement des tribus des Aurès. Il fallut alors une armée venue de Constantinople sous le commandement de Marcien, neveu de l'empereur, pour en venir à bout.

30 • Jean Troglita connaissait la région car il avait participé à l'expédition de 533.

31 • Sur l'Aurès au VIe siècle, voir Michel Janon (1980).

32 • Des soulèvements moins importants éclatèrent en 563, entre 569 et 571, en 587 et en 595. (Modéran, 2003: 11)

En 565, après la mort de l'empereur Justinien, l'administration impériale se décomposa peu à peu.

La cause principale de l'échec byzantin est ethno-politique, les tribus berbères qui avaient profité du vide vandale, ayant refusé d'être soumises à un maître étranger. À ce sujet, Villaverde Vega (2001) a montré que, dans l'est du Maghreb, la période vandale ayant favorisé le retour aux organisations tribales, les sédentaires romanisés furent affaiblis au profit des « Maures de l'intérieur » comme Antalas en Byzacène et Iaudas dans les Aurès, région rebelle que les Byzantins encerclèrent avec des forts.

La « reconquête » byzantine ne mit donc pas un terme à la poussée berbère, cette « reberbérisation lente et inéluctable » (Fantar et Decret, 1998 : 345) qui débuta durant la période vandale.

Durant le siècle byzantin, l'Empire romain ne fut donc pas reconstitué sur la rive africaine de la Méditerranée car les Berbères s'y opposèrent[33]. La conquête byzantine porta essentiellement sur les villes où une nouvelle romanité se développa qui se trouva bientôt coupée de la masse berbère rurale. C'est dans ce contexte que la région subit la conquête arabo-musulmane.

## La conquête arabe et l'islamisation

Il fallut plus d'un siècle de difficiles campagnes faites de laborieuses avancées et de reculs précipités pour que l'actuelle Algérie soit conquise. Dans un premier temps, les Byzantins supportèrent seuls le poids des combats, puis ils furent relayés par certaines tribus berbères, notamment celles des Aurès.

Cependant, compte tenu du faible nombre des Arabes, le résultat de cette première conquête n'entraîna pas un

33 • Pour une utile synthèse sur l'Afrique byzantine, voir Khaled Belkhodja (1970).

bouleversement dans la démographie de l'actuelle Algérie. Certes, les Berbères se convertirent, mais ils ne devinrent pas pour autant des Arabes et ce ne fut qu'ultérieurement, avec les invasions hilaliennes, que la région commença à être humainement arabisée.

Ce fut sous le calife Othman ibn Affan (644-656)[34] que la décision de conquérir la Berbérie fut prise. Une armée fut donc levée dans la région de Médine. Placée sous le commandement d'Abd Allah ibn Arbi Sa'ad, elle fut renforcée d'Égyptiens convertis.

À la fin de l'année 644, l'armée arabo-musulmane atteignit le sud de l'actuelle Tunisie où les forces byzantines étaient commandées par le patrice Grégoire (Flavius Gregorius). Face aux 20 000 hommes, d'Abd Allah ibn Arbi Sa'ad, cavaliers arabes ainsi que fantassins égyptiens, le commandant en chef byzantin et gouverneur d'Afrique, disposait, avec les villes fortifiées de la région d'un réel atout. Il lui suffisait donc de se retrancher derrière leurs murailles et d'attendre le départ des envahisseurs qui ne disposaient pas de matériel de siège. Or, le général byzantin commit une erreur grossière : en 647, après s'être porté au-devant de l'armée d'Abd Allah ibn Arbi Sa'ad, il se retrancha effectivement à l'abri des fortifications de Sufutela (Sbeitla), mais il tomba dans le piège que lui tendit son adversaire. Feignant le repli, ce dernier l'encouragea en effet à quitter ses défenses pour l'attirer en rase campagne où il l'écrasa grâce à sa cavalerie.

Cette victoire n'ouvrit cependant pas la Berbérie aux vainqueurs car les forces byzantines étaient intactes dans plusieurs villes fortifiées. Après une année d'occupation, il semblerait que les Byzantins aient versé une indemnité aux envahisseurs en échange

34 • En 644, le calife Omar fut assassiné par un esclave perse. Othman ibn Affan (644-656) qui lui succéda était issu de la tribu des Beni Omeyya. Son père, Abou Soufiane, avait été un irréductible adversaire du Prophète Mohamed.

de laquelle les hommes d'Abd Allah ibn Arbi Sa'ad acceptèrent de regagner la Tripolitaine. Cette première campagne leur avait permis de tester les défenses byzantines tout en leur donnant une idée des potentialités de la région.

La crise interne qui s'ouvrit à la tête du monde musulman en 656 avec l'assassinat du calife Othman ibn Affan laissa une vingtaine d'années de répit aux Byzantins et aux Berbères car les luttes se succédèrent à la tête du califat entre les partisans d'Ali, gendre du Prophète, et ceux de Moaouia. En 660, quand ce dernier l'emporta et fonda le califat omeyyade de Damas, l'expansion vers l'ouest reprit.

Pendant ces vingt années, l'Afrique byzantine continua à s'entre-déchirer entre Byzantins et Berbères, entre partisans de l'Empereur et chrétiens fidèles à Rome. C'était donc une région profondément divisée qui subit coup sur coup plusieurs autres expéditions de conquête.

Durant la seconde campagne (661-663), l'armée d'invasion, commandée par Muhawiya ben Hudayi se heurta à des renforts byzantins. Les Arabes furent victorieux, mais ils rassemblèrent leur butin et regagnèrent la Tripolitaine. Aucune occupation durable n'étant possible sans la construction d'un camp permanent pouvant servir de base aux troupes venues de l'Orient, la décision de fonder une ville dans l'ancienne province romaine de *Byzacène* fut ensuite prise.

Ce fut le but de la troisième campagne (669-672) dont le commandement fut confié à Uqba ben Nafi el-Fihry, lequel avait sous ses ordres environ 10 000 cavaliers arabes et un nombre indéterminé d'Égyptiens ou de Berbères islamisés originaires de Cyrénaïque et de Tripolitaine. Il s'acquitta de sa mission et fonda Kairouan[35].

35 • En arabe, Kairouan signifie « camp » ou « place d'armes ». Une raison du choix du site de Kairouan à l'intérieur des terres était qu'Uqba ben Nafi el-Fihry voulait mettre l'établissement hors de portée de la marine byzantine qui était maîtresse de la Méditerranée.

L'empereur Constant II (641-668) voulut chasser les envahisseurs et il vint s'établir à Syracuse d'où il organisa une expédition. Cependant, en 668, il y fut assassiné, ce qui mit un terme à l'entreprise byzantine de reconquête.

En 672, Uqba ben Nafi el Firhy fut remplacé par Abu al-Muhajir qui lança la quatrième campagne (673-681). Comme les forces byzantines étaient retranchées dans les villes, il choisit de les isoler des populations berbères et de convertir ces dernières. Mais les tribus résistèrent sous le commandement de Kusayla, (Qusayla, Aksel, Koceïla)[36], chef de la tribu des Awréba de l'Aurès, un chef berbère investi par les Byzantins (Modéran, 2005b : 456). Abu al-Muhajir dut livrer de rudes combats, puis il réussit à capturer Kusayla.

En 681, Uqba ben Nafi el-Firhy retrouva son commandement et il lança la cinquième campagne (681-683).

Les sources arabes nous disent que, contournant les garnisons byzantines enfermées dans les villes du nord de l'actuelle Tunisie, Uqba ben Nafi el-Firhy marcha vers l'ouest. Tout au long de sa progression, il eut à combattre des Berbères parfois renforcés de Byzantins, comme à Bagai (Baghaia), où il fut victorieux. Puis, selon la tradition, il aurait pris la direction des hauts plateaux, vers la région de l'actuelle ville de Tiaret où il aurait remporté une nouvelle victoire. Ensuite, et sans que l'on sache comment, il serait arrivé dans la région de Ceuta, dans le nord de l'actuel Maroc, où le patrice Julien (Yulian)[37], représentant de l'Empereur Constantin IV (668-685), lui aurait remis la ville, en échange de quoi Uqba ben Nafi el Firhy l'aurait confirmé dans son commandement (carte p. 139).

36 • Son titre et son nom berbère étaient l'*Aguellid* Kusayla. Sur ses origines et sur ses campagnes, voir Modéran (2005b : 425 et suivantes) ainsi que Bouzid (1996).

37 • Qui était-il ? Probablement un Berbère romanisé investi par Byzance.

Ayant entrepris une « révision de l'ensemble du corpus des traditions historiques arabes relatives à la conquête », Ahmed Benabbès (2005) a démontré qu'Uqba ben Nafi el Firhy n'a jamais entrepris une telle expédition. Le chef arabe se serait borné à contourner l'Aurès, obstacle à l'expansion arabe, afin de prendre les villes et les places fortes situées au sud du massif (Benabbès, 2005 :489)[38].

En 683, Uqba ben Nafi el Firhy fut intercepté à Tahuda au nord de Biskra, et il perdit la vie dans l'engagement[39]. Cette victoire berbère eut un immense retentissement car, partout, les Berbères se soulevèrent, fournissant des combattants à Kusayla qui prit Kairouan, cependant que les Arabes survivants abandonnaient l'*Ifriqiya* pour se replier vers l'est, jusqu'à Barca (Barqa), en Cyrénaïque. À la suite de cette victoire berbère, les Byzantins se retrouvèrent en position de force car ils tenaient toujours les principales villes de Byzacène (Tunisie) dont les garnisons venaient d'être relevées ou renforcées par des troupes fraîches débarquées de Sicile.

En 687 (ou en 686?), ne voulant pas rester sur cet échec, le calife omeyyade Abd-el-Malik ordonna une nouvelle expédition. Composée de 6000 hommes, dont 2000 Berbères libyens de la tribu des Lawâta (Modéran, 2003 :788), son commandement fut confié à Zuhair ben Qays. Cette sixième campagne débuta par la bataille de Mems (Sbiba), à proximité de Kairouan, dans laquelle Kusayla fut tué et son armée disloquée. Kairouan fut reprise par les arabo-musulmans, mais les Berbères se ressaisirent et ils réussirent

38 • Pour l'identification de son véritable itinéraire, voir Moderan (2003a: 440-441). Le récit légendaire de son périple à travers l'actuel Maroc est dû à des auteurs marocains tardifs qui utilisèrent le mythe de la présence d'Uqba ben Nafi el Firhy, compagnon du Prophète, afin de fonder l'ancienneté de leurs tribus respectives dans l'islam (Benabbès, 2005 : 484).

39 • Une ville, Sidi Oqba, fut fondée près du lieu de sa mort.

à submerger les envahisseurs sous leur masse. Zuhair ben Qays décida alors de se replier, laissant une garnison à Kairouan[40]. À ce moment-là, les Byzantins étaient toujours maîtres des principaux ports de Byzacène, depuis Hadrumète (Sousse), jusqu'à Hippo Regius (Bône), ainsi que de plusieurs villes fortifiées de l'intérieur.

Les Omeyyades décidèrent alors d'en finir et ils constituèrent un nouveau corps expéditionnaire qu'ils confièrent à Hassan ben Numa el-Ghassani. Cette expédition devait être pour moitié composée de Berbères Lawâta puisqu'elle comportait deux généraux, l'un, Arabe, l'autre, du nom d'Hilal ben Tarwan al-Luwari était comme son nom l'indique, un Berbère de la tribu des Lawâta (Modéran, 2003 : 788).

Cette septième campagne s'étendit sur les années 693 à 698. Hassan ben Numa el-Ghassani se fixa pour premier objectif la ville de Carthage qui était défendue par une puissante enceinte fortifiée derrière laquelle une importante garnison byzantine était stationnée.

En 695, son commandant commit à son tour l'erreur de livrer bataille en rase campagne et sa troupe fut mise en déroute par la cavalerie arabe, les survivants se retranchant à Bizerte. Les contingents berbères, eux aussi disloqués, se replièrent vers l'ouest où ils constituèrent une zone de résistance dans la région de Bône. Privée de défenseurs, Carthage tomba dès le premier assaut.

Le traumatisme que provoqua la chute de la ville fut tel que l'empereur byzantin Leontios (695-698) mit immédiatement sur pied une expédition de reconquête. Et toujours en 695, un corps de débarquement fut mis à terre à Bizerte et Carthage fut reprise.

40 • Alors qu'il se trouvait à Barca (Barqa), en Cyrénaïque, il fut surpris par un débarquement byzantin et tué. Cet épisode montre que la conquête arabo-musulmane ne fut pas un évènement linéaire comme cela est trop souvent présenté.

Cette victoire fut cependant de courte durée car, dès 698, Hassan ben Numa el-Ghassani s'empara une seconde fois de la ville.

Les Byzantins étant définitivement battus, même s'ils conservaient encore quelques garnisons à travers la région, les Berbères se retrouvèrent donc seuls. Leur résistance s'effilocha, puis une femme, prit le commandement des derniers groupes de combattants.

Fille de Tabet, Dihya (Dahia), connue dans l'histoire sous le nom de *l'Kahina* ou la Kahena (la sorcière) que lui donnèrent les Arabes[41]. C'était une Jarawa (Djerawa) des Aurès, tribu du groupe Botr faisant partie de la grande confédération zénète. Elle réussit à remporter plusieurs batailles, notamment dans la région de Constantine (Cirta), sur les bords de la Meskiana (?) contre les troupes d'Hassan ben Numa el-Ghassani qui furent repoussées jusqu'en Tripolitaine.

En 698 (ou en 702 ?), elle fut finalement vaincue dans la région de Gabès. Persuadée de sa fin prochaine, la légende rapporte qu'avant la bataille, elle aurait demandé à ses deux fils, Ifran et Yezdia, de se convertir à l'islam afin de sauver sa lignée ; puis elle prit le maquis, poursuivie par les Arabes qui la rattrapèrent à l'entrée de l'actuelle agglomération de Bir el Atar, à 87 kilomètres de Tébessa. Après un combat acharné, les Berbères furent vaincus. Dihya la Kahina fut tuée et décapitée, puis son corps fut jeté dans le puits qui porte encore son nom, Bir el Kahina. Selon la légende, les Arabes firent porter sa tête au calife Abd-el-Malik.

41 • Au sujet de la Kahena, voir, entre autres Yves Modéran (2005a) et Nahla Zéraoui (2007).

Démographiquement parlant, l'apport arabe de la période de la conquête fut une goutte d'eau dans l'océan berbère algérien[42]. Cependant, au lieu de se berbériser, les nouveaux venus arabisèrent culturellement la masse berbère puisque les convertis avaient pour obligation de prononcer dans la langue arabe les phrases fondamentales consacrant leur adhésion à la nouvelle religion. Comme le Coran ne devait subir aucune altération de sens, il ne pouvait donc être traduit et la langue arabe devait donc être obligatoirement apprise par les nouveaux convertis.

## Les débuts du peuplement arabe de l'Algérie

Il fallut attendre trois siècles et les invasions des tribus arabes hilaliennes pour assister à un début d'arabisation ethnique de l'actuelle Algérie.

Le phénomène remonte au début du VIII$^{e}$ siècle, quand des Arabes originaires du Nedj, dans le nord de l'Arabie, dont les Beni Hilal[43], les Beni Maaqil et les Beni Sulaym, subdivisés en plusieurs clans dont les Atbej, les Riyah et les Zoghba, étaient entrés en Égypte par le Sinaï.

Durant la première moitié du XI$^{e}$ siècle, les campagnes égyptiennes furent dévastées par ces Bédouins. En 1050, sous la conduite d'Abu Zayd al-Hilali, ces derniers partirent vers le Maghreb, encouragés par les Fatimides qui voulaient ainsi punir leurs vassaux berbères zirides et leurs cousins hammadides ralliés au califat abbasside de Bagdad[44]. Les Fatimides ayant remis des titres de propriété aux chefs des tribus arabes, la conquête était

42 • Voir à ce sujet les études portant sur la génétique. (Lucotte et Mercier, 2003)
43 • L'ancêtre de toutes ces tribus est Hilal, d'où Beni Hilal et Hilaliens dont les principales tribus sont les Djochem, les Atbej, les Zoghba, les Riyah, les Rebia et les Adi. S'y ajoutèrent les beni Sulaym et les beni Maqil.
44 • Sur la question des Fatimides, voir Lugan (2016:154 et suivantes).

donc par avance légitimée (Poncet, 1967 et 1968 ; Idris, 1968, Berque, 1972).

L'arrivée de ces tribus changea la physionomie de toute la Berbérie et notamment celle de l'actuelle Algérie qui, jusque-là Berbère, devinrent peu à peu arabo-berbères. L'économie régionale subit une forte mutation dans la mesure où, dans bien des régions de plaines, les cultivateurs berbères abandonnèrent leur terre aux envahisseurs qu'Ibn Khaldoun décrit dans les termes suivants :

> « Semblables à une nuée de sauterelles, ils détruisaient tout sur leur passage [...] Si les Arabes ont besoin de pierres afin de caler leurs marmites sur un foyer, ils dégradent les murs des bâtiments afin de se les procurer ; s'il leur faut du bois pour en faire des piquets ou des mâts de tentes, ils détruisent les toits des maisons » [...] (Cité par Decret, 2003).

Vers 1050, la première tribu qui pénétra en Berbérie à partir de la Tripolitaine fut celle des Beni Riyah qui était conduite par Munis ben Yahia. S'insérant dans la mosaïque politique berbère, les Arabes devinrent vite des auxiliaires courtisés. C'est ainsi qu'en 1051, Munis ben Yahia s'allia au souverain ziride al-Mu'izz ben Badis (1050-1062) en épousant sa fille (Idris, 1962). En échange, il reçut l'autorisation de s'installer dans le Hodna, région située au centre de l'actuelle Algérie, au sud des hauts plateaux, autour de M'Sila. Quant au Zénète Yaghmorassen, fondateur du royaume abd-el-wadide de Tlemcen, il s'appuya sur les Zoghba (Camps, 1992 : 163).

Ces « alliances » contractées par des mariages étaient cependant fragiles. C'est ainsi que les Hammadides (Zirides de Bougie), furent battus par les Atbej en 1051 cependant que les Zoghba et les Riyah dévastèrent Béja, ville du nord de la Tunisie[45].

45 • Ne pas confondre avec Béjaïa (Bougie) en Algérie.

Comme ces alliés pillaient le pays et étaient devenus encombrants, les Zirides décidèrent de les chasser mais, au mois d'avril 1052, à Haydaran dans la région de Gabès, leur armée fut battue. En 1057, Kairouan fut prise et pillée par les Kooub, cependant que le sultan ziride al-Mu'izz ben Badis réussissait à se réfugier à Mahdya. La chute de Kairouan eut des conséquences considérables car ses élites lettrées prirent le chemin de l'exil et allèrent se réfugier à Fès où fut créé le quartier des Kairouanais, à Tunis ou encore en Espagne. Sur les ruines de l'ancien royaume ziride se constituèrent alors des pouvoirs locaux.

Certains étaient arabes cependant que d'autres étaient dirigés par des Zirides autonomes.

Un siècle plus tard, en 1151, sous le commandement d'Abd el Moumen, les Almohades marocains décidèrent de repousser les envahisseurs. Passant par Tlemcen, ils parvinrent à Alger, mais Abd el Moumen renonça ensuite à marcher sur Kairouan et il repartit vers Marrakech après avoir nommé des gouverneurs et installé des garnisons dans les régions conquises. Les tribus arabes se lancèrent alors à sa poursuite, l'obligeant à leur livrer bataille. La rencontre eut lieu à Sétif en 1152, où, après trois jours de combats, les Almohades furent vainqueurs.

Abd el Moumen prit alors une décision lourde de conséquences. Plutôt que de refouler les Arabes vers l'est, il les fit passer à son service. Cette décision s'expliquait par son souci de rassembler toutes les forces de l'Islam en vue de la guerre sainte qu'il avait l'intention de livrer aux forces chrétiennes engagées dans la reconquête de la péninsule Ibérique (Benabdallah, 1994 : 37-38). Ce furent donc les Berbères almohades qui ouvrirent l'actuelle Algérie ainsi que le Maroc aux Arabes (Idriss, 1991 : 89).

Peu à peu, les Hilaliens firent triompher leur genre de vie et ils réussirent, à arabiser linguistiquement et culturellement, une partie du Maghreb berbère [46], dont l'Algérie, à telle enseigne qu'aujourd'hui, la majorité de la population de l'actuelle Algérie est persuadée être arabe alors que nous sommes en présence de Berbères « raciaux » culturellement arabisés et religieusement islamisés.

46 • On lira à ce sujet l'important article que Gabriel Camps (1983) consacre à cette question et dont le titre résume bien la problématique : *Comment la Berbérie est devenue le Maghreb arabe.*

## Chapitre III

•

# Pourquoi Bougie et Tlemcen n'ont-elles pas créé l'Algérie alors que Fès et Marrakech ont fondé le Maroc?

Auteur du livre intitulé *Au temps des grands empires maghrébins. La décolonisation de l'histoire de l'Algérie*, l'historienne algérienne tlemcémite Fatima-Zohra Bouzina Oufriha explique ainsi le but de son travail :

> « C'est le rôle du Maghreb central que je cherche à réapprécier par rapport à une lecture, partiale et biaisée, une interprétation de l'histoire qui pour moi est coloniale, dans la mesure où systématiquement, le rôle du Maghreb central[47] qui deviendra l'Algérie est escamoté au profit du Maghreb extrême qui deviendra le Maroc [...] Derrière cette lecture biaisée et partiale, il y a la thèse coloniale de la *terra nulla* qui s'est installée à un certain moment, après la conquête de l'Algérie par la France, qui pose que l'Algérie et Maghreb central n'ont jamais existé, n'ont jamais rien fait de bon dans l'histoire. C'est toujours le Maroc que l'on met en exergue. » (Fatima-Zohra Bouzina Oufriha Algeria-Watch 22/05/2016 en ligne).

47 • Avant la période ottomane, les Arabes divisaient le Maghreb en trois ensembles : le Maghreb proche ou Maghreb al-Adna (l'actuelle Tunisie plus l'Algérie orientale jusqu'à Annaba), le Magheb central ou Maghreb al-Awsar (grosso modo l'actuelle Algérie depuis Annaba jusqu'à la frontière marocaine), et le Maghreb extrême ou Maghreb al-Aqsa (le Maroc actuel).

Ces quelques lignes résument la question posée par le titre de ce chapitre. Elles justifient également la raison du présent livre. Fatima-Zohra Bouzina Oufriha semble en effet cultiver à son tour ce complexe historique qui interdit aux historiens algériens de regarder en face leur passé.

Y aurait-il donc une « lecture, partiale et biaisée », une « interprétation coloniale » de l'histoire à simplement constater que si le Maghreb central a bien existé, sa capitale, Tlemcen, n'a pas unifié l'Algérie ?

La seule question que doit se poser l'historien est de se demander pourquoi. Pourquoi, dans le Maghreb central, la brillante principauté de Tlemcen à l'ouest et pourquoi, plus à l'est, celle de Bougie, ne constituèrent-elles pas la (ou les) matrice(s) de l'Algérie ? Pourquoi, au même moment, Fès et Marrakech créaient-elles le Maroc ?

Serait-ce dénigrer l'Algérie que de poser ces questions ? Serait-ce une attitude coloniale que de constater simplement qu'avec les Almoravides, les Almohades, les Saadiens, les Mérinides et les Alaouites, le Maroc développa des empires s'étendant à certaines époques sur tout le Maghreb, l'Espagne et jusqu'à Tombouctou, quand Tlemcen et Bougie ne dépassaient pas le stade de principautés qui n'eurent pas de prolongements modernes ?

La réponse à ces questions est pourtant claire : prises en étau entre le Maroc et Tunis, l'autonomie de Tlemcen et de Bougie ne fut que ponctuelle car ces deux cités dépendaient des hauts et des bas de leurs puissants voisins.

Voilà pourquoi Tlemcen et Bougie, chefs-lieux de principautés éponymes, n'eurent pas un destin comparable à celui de Fès et de Marrakech qui furent, elles, des capitales d'empires. Il n'y a rien de péjoratif, ni aucun aspect « colonial » à devoir simplement

**Il y a tant à découvrir…**
**… et tant à apprécier dans votre**

# CATALOGUE PRINTEMPS 2021 !

Nous sommes heureux de vous annoncer que chaque produit présenté dans notre CATALOGUE PRINTEMPS sera accompagné d'un CADEAU GRATUIT exclusif. Chaque produit que vous demandez vous ravira avec EN PLUS un cadeau bien choisi !

## CADEAUX GRATUITS

## GARANTIE DE RÉCOMPENSE

1 PRODUIT = 1 CADEAU
2 PRODUITS = 2 CADEAUX
3 PRODUITS = 3 CADEAUX
4 PRODUITS = 4 CADEAUX

## COMMENT RÉPONDRE ?

Complétez votre Bon de commande et grattez 1, 2, 3 ou 4 cases au recto (en fonction du nombre de produits que vous choisissez). Puis renvoyez le PERMIS CADEAUX ci-dessous dans votre enveloppe-réponse.

# GARANTIE DE RÉCOMPENSE
# CATÉGORIE A

# UN CADEAU GRATUIT

## AVEC CHAQUE PRODUIT

**1 PRODUIT = 1 CADEAU GRATUIT**

**2 PRODUITS = 2 CADEAUX GRATUITS**

**3 PRODUITS = 3 CADEAUX GRATUITS**

**4 PRODUITS = 4 CADEAUX GRATUITS**

RÉCLAMEZ JUSQU'À QUATRE CADEAUX POUR VOUS REMERCIER DE VOS ACHATS DANS LE CATALOGUE PRINTEMPS 2021

constater cette réalité historique. À moins de concevoir l'histoire comme Lyssenko concevait les sciences, ce qui, hélas ! est encore trop souvent le cas de certains historiens de l'Algérie.

## Bougie et Tlemcen après les Almohades

Reprenons donc l'histoire de la région. Au début du XIIIè siècle, maîtres de tout le Maghreb, les Almohades déléguèrent le pouvoir local à des gouverneurs :

- Celui d'Ifrikiya, province s'étendant approximativement de Constantine à la Tripolitaine, fut Mohamed ben Abou Hafs, d'où le nom *Hafside*. Ce Berbère Hintata (groupe Masmouda), était le fils d'Abou Hafs Omar, compagnon d'Ibn Toumert, le fondateur de la puissance almohade.

- À l'ouest, Yaghmorasan ben Zayan -d'où *Zianide*-, Berbère de la tribu des Beni Abd el-Wad était gouverneur de Tlemcen.

Durant la période de décadence de l'empire almohade (1269), tous deux prirent leur autonomie et ils fondèrent chacun une dynastie. Les Hafsides (ou *Hafçides)* régnèrent ainsi à Tunis et à Bougie de 1229 à 1574, les *Zianides* (ou *Abd el-Wadides)* à Tlemcen de 1235 (1240) à 1554, et les *Mérinides* au Maroc de 1258 à 1420.

Durant ces époques, Bougie fut en quelque sorte « à cheval » entre Tunis et Tlemcen, regardant à la fois vers l'Orient et vers l'Occident. Quant au royaume de Tlemcen, il était comme pris en tenaille entre le Maroc des Mérinides (1258-1420) à l'ouest et Tunis à l'est, réussissant à certains moments à desserrer leur étreinte, mais devant le plus souvent la subir.

**Bougie sous les Zirides-Hammadides :
principauté ou noyau pré-national « algérien » ?**

Bougie, Bgayet en berbère, l'actuelle Béjaïa, s'est bâtie sur un ancien comptoir carthaginois puis sur la ville romaine de Saldae, chef-lieu d'une colonie militaire fondée en 27 av.J.-C. par Octave pour les vétérans de la VIII$^{e}$ légion Augusta.

En 42 apr. J.-C., Saldae fut intégrée à la province de Maurétanie césarienne, puis, à la suite de la réforme de Dioclétien, entre 286 et 305 après J.-C., elle fut rattachée à la Maurétanie Sitifienne. La ville fut le siège d'un évêché jusqu'à la conquête arabo-musulmane du VII$^{e}$ siècle.

Ce ne fut que bien plus tard, sous les Berbères zirides, que Bougie devint une cité-État, mais, toujours sous l'influence, et même régulièrement sous la dépendance du pôle zidide central de Tunis.

En 972, quand le Fatimide el-Mu'izz décida de rejoindre son armée en Égypte (Lugan, 2016 : 154 et suivantes), il laissa l'administration de toutes ses possessions maghrébines à Bologin, un Berbère Sanhaja, fils de Ziri ibn Menad – d'où le nom de Ziride donné à la dynastie que ce dernier fonda.

En 973, Bologin s'installa à proximité de Kairouan et il confia à son fils aîné Hammad, le gouvernement de ses possessions de la région de Bougie. Bologin qui mourût en 984 eut pour successeur son fils Al-Mansur ben Bologin (984-996) qui combattit certains de ses frères et de ses cousins. Appuyé par son frère Hammad, il réussit à reprendre en main les dissidents familiaux. Les Zirides furent les maîtres du Maghreb central durant 22 ans, de 972 à 1014.

En 1014, sous le règne de Badis ben al-Mansour (996-1016), fils d'Al-Mansur ben Bologin, le domaine des *Zirides* se coupa en deux quand Hammad ben Bologin (1014-1028), oncle du souverain, fit sécession, ce qui donna naissance à deux royaumes zirides rivaux :

- Le premier, celui des Zirides demeurés fidèles à Badis ben al-Mansour (les Badisides) était centré sur l'actuelle Tunisie et il avait pour capitale Mahdiya.

- Le second, celui des sécessionnistes zirides, ou royaume *hammadide,* du nom de Hammad, oncle de Badis, s'étendait dans la région de Bougie, avec pour limites approximatives, Alger à l'ouest et les Aurès au sud-est.

Les deux dynasties zirides cousines se combattirent. En 1014, Badis ben al-Mansour, vint attaquer son oncle Hammad puis, en 1015, une paix fut signée. En 1016, quand Badis ben al-Mansour mourut, son fils et successeur, Al Muizz ben Badis n'avait que 8 ans.

Avec des hauts et des bas, les Hammadides survécurent jusqu'en 1145, date de la conquête almohade.

Sous les Zirides-Hammadides, Bougie n'eut donc d'autonomie que durant quelques décennies. Toujours tournée vers le pôle légitimiste ziride de Tunis-Kairouan, elle n'eut donc à aucun moment un rôle que l'on pourrait qualifier de « pré-national algérien ».

## Les Hafsides de Bougie (1294-1510) : un destin pré-national ?

En 1229, le sultan marocain Al Mamoun (1229-1232), rejeta la doctrine almohade pour en revenir au sunnisme. Aussitôt, le gouverneur de l'Ifrikiya (l'actuelle Tunisie ainsi que la région de Bougie et Constantine), Abou Zakaria Yahya (1229-1249), petit-fils d'Abou Hafs Omar, rompit avec lui et il se proclama *émir*. Il étendit ensuite son pouvoir vers l'ouest, reconstituant en quelque sorte l'ancien royaume ziride (Brunschvig, 1947).

Après 1294, le royaume hafside éclata en deux quand l'émir hafside de Bougie fit sécession pour créér un royaume ayant pour capitale Bougie et s'étendant à la plus grande partie de la région de Constantine.

Les deux royaumes hafsides, celui de Tunis et celui de Bougie, se combattirent durant plus de vingt ans, s'auto épuisant au plus grand profit des tribus arabes hilaliennes arrivées entre-temps et qui monnayèrent leur soutien aux deux camps.

Finalement, un compromis fut trouvé aux termes duquel le dernier survivant du sultan de Tunis, Abou Açida (1295-1309), ou de celui de Bougie, Abou-I-Baqa (1309-1311), réunirait les deux royaumes. Abou Açida de Tunis mourut le premier et Abou-I-Baqa de Bougie régna donc durant quelques années sur le royaume hafside réunifié, mais un de ses cousins, Ibn el-Lihyani (1311-1318) prit le pouvoir, appuyé sur les tribus arabes. Puis l'anarchie fut générale.

Quelques années plus tard, sous le règne d'Abou Bakr II al-Mutawakil (1318-1346), le royaume hafside fut à nouveau reconstitué, mais au profit de Tunis cette fois. Puis il fut confronté au grand mouvement d'expansion des Mérinides marocains qui, après avoir conquis le centre de l'actuelle Algérie, avançaient vers l'est. De 1347 à 1350, le sultan mérinide Abou l'Hassan (1331-1351), étant le maître des actuelles Algérie et Tunisie, le royaume hafside disparut donc.

Après le retrait marocain qui se produisit en 1350, l'ancien royaume hafside ne fut pas reconstitué ; trois principautés hafsides naquirent alors, Tunis, Bougie et Constantine qui, toutes trois furent dirigées par des membres de la famille hafside.

L'unification de ces trois entités se produisit au profit de Tunis sous les règnes d'Ahmad II al-Mustansir (1370-1394) et de son fils Abou Faris al-Mutawakil (1394-1434).

Le pouvoir se délita ensuite, plusieurs souverains affaiblis se succédant, s'efforçant de maintenir une autorité de plus en plus chancelante et cela, jusqu'à ce que les Ottomans s'emparent de la région au XVIè siècle[48]. Entre-temps, en 1510, l'Espagnol Pablo de Navarro prit la ville de Bougie et l'Espagne la conserva jusqu'en 1555, quand Salah Raïs l'enleva.

Comme cela fut le cas à l'époque hammadide (voir plus haut), la principauté hafside de Bougie n'eut en réalité que quelques décennies d'autonomie ; de plus, comme elle regardait vers l'est, là où battait le cœur de la dynastie, elle n'eut pas de politique pré-nationale « algérienne».

Qu'en fut-il de Tlemcen ?

## Tlemcen (790-1554)

Durant près de huit siècles, de 790 à 1554, Tlemcen fut quasi constamment sous influence ou sous domination marocaine ; sauf durant quelques décennies, et cela, à la fin du XIVè siècle et au début du XVè siècle.

Tlemcen, l'ancienne Pomaria romaine, poste de cavalerie chargé de surveiller les confins avec la Maurétanie tingitane, l'actuel Maroc, fut islamisée à la fin du VIIè siècle avant de devenir l'éphémère centre d'une principauté kharijite dirigée par Abou Qorra.

Son véritable essor date du siècle suivant quand la ville passa sous le contrôle des Idrissides de Fès, fondateurs du premier État marocain. La période idrisside qui dura 139 ans, de 790 à 931, fut la première séquence d'occupation « marocaine ».

En 931, les Idrissides furent chassés de Tlemcen par les Fatimides qui conservèrent la ville durant 24 ans, jusqu'en 955. Cette année-là, le calife ommeyyade de Cordoue, Abd al-Rahman III, tenta de conquérir le Maghreb. Ses troupes prirent Tlemcen qui fut confiée à l'Ifrénide Yahia Ben Mohamed. Peu de temps

48 • Pour une vision d'ensemble sur la dynastie *hafside*, voir Dalouatli (1976).

après, ce dernier fut tué par les Fatimides. Une période de grande confusion débuta alors. Elle dura jusqu'à l'arrivée des Almoravides qui ouvrirent la seconde période marocaine de Tlemcen.

En 1078, maîtres du Maroc, les Almoravides prirent Tlemcen qu'ils occupèrent jusqu'en 1146. Ce furent eux qui bâtirent le noyau de la ville actuelle et y édifièrent l'actuelle Grande mosquée érigée sur ordre d'Ali Ben Youcef (1083-1143). En revanche, leur palais a disparu. Sous les Almoravides, Tlemcen devint la seconde capitale de l'empire après Marrakech au Maroc[49].

Avec les Almohades qui succédèrent aux Almoravides, débuta la troisième période marocaine. En 1143 (ou en 1144 ou en 1145), Abd el-Moumen prit Tlemcen que les Almohades conservèrent jusqu'en 1236.

En 1236, le chef berbère Jaghmorasan ben Zayan, de la tribu des Beni Abd el Wad (ou Beni Ziyan), se proclama indépendant.

En 1240, Yaghmorasan ben Zayan (1236-1283) ne reconnut plus la suzeraineté almohade. Débuta alors la grande période tlemcénite, celle des Zianides durant laquelle, avec des hauts et des bas, bien des vicissitudes, nombre d'inter-règnes et d'occupations marocaines, les descendants de Yaghmorasan ben Zayan demeurèrent les souverains de la ville jusqu'en 1555.

Les Zianides, comme nous l'avons dit, étaient à l'origine des gouverneurs pour le compte de l'empire almohade. Originaires de l'Aurès dont ils pourraient avoir été chassés par les Arabes hilaliens, les Berbères *Zianides* (ou Beni Abd el Wadides), migrèrent vers l'ouest avant de s'allier à l'Almohade Abd el-Moumen (1130-1163) dont ils devinrent les vassaux et qui leur confia le gouvernorat de Tlemcen.

49 • Il semblerait que ce soit sous les Almoravides que l'on commença à désigner la ville sous le nom de Tilimsan (Tlemcen), déformation du berbère Tilimsan (la source).

Durant le règne du sultan marocain Abou Youssef Yakoub (1258-1286), les relations entre les Mérinides et les Zianides de Tlemcen furent conflictuelles. Pourtant apparentés, Mérinides et Zianides poursuivirent une incessante vendetta familiale qui hypothéqua le développement des seconds.

Durant le règne du zianide Abou Saïd Othman I (1283-1304) et sous celui de son successeur Abou Zyan I (1304-1308), Tlemcen subit un siège de huit années, de 1299 à 1307, quand le Mérinide Abou Yakoub Youssef (1286-1307) fils et successeur d'Abou Youssef Yakoub, construisit le camp fortifié de Mansoura afin de prendre la ville.

Petit à petit, tous les territoires zianides furent conquis par les Mérinides : Oran et sa région en 1300, Alger et ses environs en 1301-1302, puis le massif de l'Ouarsenis. Il ne restait plus aux Marocains que la ville de Tlemcen à enlever quand, en 1307, le sultan Abou Yakoub Youssef fut assassiné à Mansoura. Son petit-fils, Abou Thabet (1307-1308) lui succéda et il décida de lever le siège. Il mourut après un règne de quelques mois et son frère Abou Rabia (1308-1310) fut proclamé sultan.

Tlemcen retrouva alors son indépendance avec le zianide Abou Musa I (1308-1318) qui fut assassiné. Sous son successeur, Abou Tachfin I (1318-1337)[50], en 1334, une nouvelle guerre éclata avec le Maroc du sultan mérinide Abou l'Hassan (1331-1351).

Les deux principales tribus berbères des environs, les Béni Toujin et les Maghraoua, s'étant ralliées aux Marocains, toute la région comprise entre Oujda et Alger incluse passa alors sous le contrôle d'Abou l'Hassan. Le 13 avril 1337, ce dernier enleva Tlemcen et durant l'assaut, Abou Tachfin I et trois de ses fils furent tués.

50 • Pour tout ce qui concerne les régnes d'Abou Musa I et d'Abou Tachfin I, voir Atallah Dine (1985).

En 1346 le sultan hafside de Tunis Abou Bakr II al-Mutawakil (?-1346), beau-père du sultan mérinide Abou l'Hassan, mourut et ce dernier se mit en marche à la tête de son armée. En 1347 il entra à Tunis et il annexa le royaume hafside.

Abou l'Hassan sultan du Maroc, de Tlemcen et de Tunis fut alors au sommet de sa puissance. Cependant, en deux ans, de 1348 à 1350, un total retournement de situation se produisit : la peste noire s'abattit sur le Maghreb ; devant Kairouan, trahi par ses contingents arabes, il fut battu par une armée hafside et enfin, son propre fils, le futur sultan Abou Inane Faris, se révolta. L'empire marocain s'effondra alors et Abou l'Hassan fut poursuivi dans le haut Atlas par Abou Inane Faris. Il mourut en 1351.

Redevenue indépendante en 1350, Tlemcen fut de nouveau occupée dès 1351 par le Mérinide Abou Inane Faris (1351-1358). Voulant refaire la grandeur mérinide, ce dernier reprit Tlemcen, Constantine et Bône. En 1358, il fut étranglé par un de ses *vizirs*.

Après la mort d'Abou Inane Faris, Tlemcen recouvrit une nouvelle fois son indépendance. Sous le règne du zianide Abou Hamou Musa II (1359-1388), la ville connut une grande prospérité illustrée par un développement architectural et culturel qui en fit une ville de savants et d'artistes réputés.

Le royaume entra ensuite dans une longue période de décadence, oscillant entre deux maîtres successifs, le Mérinide marocain à l'ouest et le « Tunisien » hafside à l'est. Cependant, dès que la poussée mérinide ou hafside cessait de s'exercer, Tlemcen redéveloppait son dynamisme commercial, notamment avec l'Espagne, tant chrétienne que nasride (Grenade).

Le successeur d'Abou Hamou Musa II, fut Abou Tachfin II (1388-1393) qui abdiqua en 1393[51]. En 1411, Abou Malek (1411-1424) prit le pouvoir pour un premier règne, grâce au soutien du sultan mérinide Abou Saïd III (1398-1420), puis il se retourna contre son allié marocain, défit son armée et prit Fès, sa capitale. Cette reconstruction de la puissance tlemcénite inquiétant les Hafsides de Tunis, ces derniers fomentèrent une révolution en soutenant un oncle d'Abou Saïd qu'ils reconnurent comme sultan en 1424 et qui régna une première fois sous le nom d'Abou Abdallah Mohamed (1424-1428).

Un nouveau retournement de situation se produisit en 1428 quand, réconcilié avec les Hafsides, Abou Malek qui avait été détrôné en 1424, reprit Tlemcen grâce à leur aide et redevint sultan pour un second règne qui dura de 1428 à 1430. Cette victoire ne fut cependant que de courte durée puisqu'en 1430, il fut renversé et tué par Abou Abdallah Mohamed qui ne régna qu'une année à peine, jusqu'en 1431.

Le sultan hafside de Tunis, Abou Faris al-Mutawakil (1394-1434) décida en effet d'en finir et en 1431, il se présenta devant Tlemcen à la tête d'une armée forte de plusieurs dizaines de milliers d'hommes. Abou Abdallah Mohamed fut capturé et mis à mort, puis Abou Faris al-Mutawakil pénètra au Maroc alors en pleine anarchie. Après avoir échoué à mettre sur le trône un de ses alliés, il rentra à Tunis.

En 1432 ou en 1433, profitant du départ d'Abou Faris al-Mutawakil les Zianides reprirent le pouvoir, mais le royaume de Tlemcen qui continua à connaître des temps difficiles n'était plus que l'ombre de lui-même.

51 • Nous sommes mal renseignés sur la période 1393-1411.

En 1512, le Zianide Abou Abdallah Mohamed II mourut sans héritier, d'où de multiples conflits familiaux pour sa succession. Abou Zeyane, frère aîné du défunt accéda au pouvoir en s'alliant aux Espagnols maîtres d'Oran depuis le mois de mai 1509. En 1517, Arudj Barberousse prit Tlemcen et fit mettre à mort Abou Zeyane mais, commandés par Diego de Cordoba, marquis de Comares, les Espagnols lancèrent une offensive victorieuse qui s'acheva par la mort d'Arudj Barberousse en 1518.

Désormais, Tlemcen n'eut plus de destin autonome. Belle endormie, elle vivota jusqu'à la période ottomane qui débuta en 1553 (ou en 1555) quand le pacha turc d'Alger, Salah-Raïs prit la ville. Tlemcen ne fut dès lors plus qu'une cité parmi celles de la Régence turque d'Alger.

En guerre continuelle avec les Mérinides marocains (dynastie de 1258 à 1359), prise et occupée par ces derniers entre 1299 et 1307 et entre 1335 et 1337, soumise aux interventions des Hafsides de Tunis, Tlemcen ne fut à aucun moment en mesure d'unifier le Maghreb central.

# Chapitre IV

•

## L'Algérie, Régence turque oubliée ou marche frontière de l'empire ottoman?[52]

L'histoire officielle soutient que la seule colonisation subie par l'Algérie fut celle de la France. La période turque est quant à elle, présentée comme celle de l'émergence de la conscience pré-nationale algérienne[53], le pays étant alors considéré comme quasiment indépendant de l'empire ottoman.

La réalité est différente de cette affirmation car la Régence turque d'Alger ne fut pas une possession oubliée en terre africaine, mais un élément essentiel du dispositif impérial ottoman (Mantran, 1984). À la différence de celles de Tripoli et de Tunis, la Régence d'Alger (*Wilayat el-Djezair* en arabe et *Gezayir-i Garp* en turc), demeura en effet une colonie de *la Porte* sous autorité de Beys nommés à la tête de *Beylik* ou provinces, puis de Deys placés à la tête de *Deylik.*

La question est donc de savoir pourquoi, à la différence de la Tunisie, la période turque n'a pas débouché sur une prise de conscience pré-nationale algérienne? Pourquoi, trois siècles de colonisation ottomane n'ont-ils pas permis de créer et d'unifier l'Algérie? Pourquoi les nombreuses résistances à la présence ottomane ne peuvent être considérées comme des mouvements « pré-nationaux » ?

52 • Sur la présence turque à Alger, voir Wolf (1979) ; pour ce qui concerne les relations entre les Ottomans et le Maroc, voir Brett (1984).

53 • Voir ainsi l'annonce du « Colloque Barberousse et l'émergence de l'État algérien au XVIe siècle », à l'université de Béjaïa à l'occasion du 500e anniversaire de l'arrivée des frères Barberousse sur le littoral algérien en 1516.

## L'installation des Turcs

Durant tout le XVI^e^ siècle le *heylerbeylik* du Maghreb fut un abcès de fixation entre l'Espagne et l'empire ottoman, une zone tampon entre l'empire des Habsbourg et celui des Ottomans. Une marche frontière en quelque sorte.

Dans les années 1500, les rivages espagnols furent régulièrement attaqués par des corsaires maghrébins. Au mois d'octobre 1505 les régions d'Alicante et de Malaga furent razziées par des pirates musulmans venus des ports de l'actuelle Algérie et des habitants furent enlevés par centaines pour être vendus sur les marchés aux esclaves du Maghreb. Les Espagnols décidèrent alors de contre-attaquer en occupant les principaux ports de la rive sud de la Méditerranée. En 1505, le comte Pedro de Navarre prit ainsi Mers el Kébir ; en 1508, ce fut le tour de Velez dans le nord du Maroc, d'Oran en 1509, puis, en 1510, celui de Bougie.

Alors que l'Espagne prenait peu à peu le contrôle des ports maghrébins, les Ottomans intervinrent à leur tour en Méditerranée occidentale où des renégats[54] avaient précédé leur arrivée. Parmi eux, les frères Barbaros (Barberousse), Arudj et Khayr ad-Din, eurent un rôle déterminant. En 1514, l'aîné, Arudj s'installa à Djidjelli dans l'actuelle Algérie.

En 1515, Salim Ettoumi « roi d'Alger », un Berbère de la tribu Taâliba originaire de la région de Tipaza, fit appel aux frères Barbaros pour qu'ils le débarrassent de la garnison espagnole installée devant la ville, sur un îlot aujourd'hui rattaché au continent. Au début de l'année 1516, Arudj établit ses quartiers à Alger mais, au mois de septembre, les Espagnols l'en chassèrent.

54 • Les renégats étaient des Européens convertis à l'islam. Sur les renégats, voir Bartolomé Bennassar (1989) et Jacques Heers (2001).

En 1517, et nous l'avons vu plus haut, Arudj prit Tlemcen mais Charles 1er d'Espagne[55] ordonna au gouverneur d'Oran, Diego de Cordoba, marquis de Comarès de conquérir la ville où Arudj fut pris au piège. Après un siège de vingt jours, ce dernier réussit une sortie, mais il fut rattrapé et tué près du Rio Salado (carte p. 146).

Son frère, Khayr ad-Din Barbaros qui lui succéda comprit que, réduit à ses seules forces, il ne pourrait jamais l'emporter sur les Espagnols. C'est pourquoi, en 1518, décida-t-il de prêter hommage au sultan Sélim Ier (1512-1520). Ce dernier lui accorda le titre de *beylerbey*. Il lui envoya une force composée de 2000 janissaires et de 4000 soldats réguliers (Tal Shuval, 2002 : 3), et créa le *beylerbeylik* (ou province ottomane du Maghreb) gouvernée par un *beylerbey (pluriel beylerbey)*.

Le 27 mai 1529, après un siège de trois semaines, les 25 survivants de la garnison espagnole de 150 hommes qui défendait le peñon d'Alger durent capituler et leur chef, le comte Martin de Vargas fut tué à coups de bâton. Khayr ad-Din Barbaros fit détruire le fort dont les pierres permirent la construction du môle réunissant l'îlot au port et qui fut construit par des captifs chrétiens.

Le 1er mai 1534, Khayr ad-Din Barbaros fut investi *capoudan pacha*, c'est-à-dire amiral de la flotte (Zeltner, 1992 : 5).

Au mois d'octobre 1541, Charles-Quint voulut en finir avec Alger et il mit sur pied une puissante expédition forte de 516 navires transportant 24000 hommes. Les Espagnols débarquèrent le 23 octobre au cap Matifou, à l'est de la ville, mais quand ils arrivèrent dans les faubourgs d'Alger, ils furent

55 • Charles Quint, successeur en 1518 de Ferdinand et qui fut élu en 1519 empereur germanique après la mort de Maximilien d'Autriche.

pris sous une pluie diluvienne avant d'être assaillis par les Turcs. Ne pouvant plus avancer, ils durent se replier vers la flotte qui, entre-temps, avait perdu près d'un tiers de ses navires en raison de la tempête. Le 3 novembre le corps expéditionnaire rembarqua.

Cette défaite espagnole poussa Moulay Mohamed de Tlemcen à se rallier aux Turcs. En réaction, le comte d'Alcaudete[56], gouverneur d'Oran, prit la ville au mois de février 1543 et il y mit au pouvoir un jeune frère du souverain nommé Abd Allah.

En 1544, Hassan Pacha, le fils de Khayr ad-Din Barbaros, devint le nouveau gouverneur d'Alger puis, en 1546, à la mort de son père, il fut nommé *beylerbey*.

## L'administration de la Régence d'Alger[57]

Au point de vue administratif, la période turque peut être divisée en quatre séquences :

1 ~ La période des *Beylerbey* (1518-1587) vit le pouvoir de ces derniers osciller entre la *taïfa des raïs,* (la confrérie des capitaines corsaires) et les janissaires.

2 ~ La période dite des *Pachas triennaux* (1587-1659) nommés pour trois ans par la Porte.

3 ~ La période des *Aghas* (1659-1671). En 1659, le divan des janissaires décida que le pouvoir serait désormais exercé par les chefs de la milice, les *Aghas*. La Régence devint alors une sorte de république militaire liée à la Porte. Tous les *Aghas* moururent de mort violente.

56 • Pour tout ce qui concerne les vingt-quatre années de gouvernorat du comte d'Alcaudete et les relations entre l'Espagne et le royaume de Tlemcen, voir Paul Ruff (1998).

57 • Sur la période turque en Algérie, voir Boyer (1970), Kaddache (1998) et Shuval (2002). Pour tout ce qui concerne la piraterie et la marine algéroise, voir Boyer (1985), Chevallier (1988), Courtinat (2003), Delvoux (1869), Panzac (2002).

4 ~ La période des *Deys* (1671-1830). En 1671, les *raïs* prirent le pouvoir et l'un d'entre eux devint le *Dey*.
À l'époque des Deys, la pyramide administrative de la Régence était la suivante :
- Le *Dey ;*
- Le *Khasnadji* (trésorier) ;
- Le *Vekil Hardji* (amiral) ;
- L'*Agha des Arabes* ou chef des contingents indigènes *makhzen ;*
- L'*Agha des Janissaires* ou chef de l'*odjaq ;*
- Le *Khodjet el Kheil* qui était le responsable des biens de l'État.

En 1587 le *beylerbeylik* du Maghreb fut divisé en trois provinces recoupant les actuels États de Libye, de Tunisie et d'Algérie, qui furent gouvernées par des pachas nommés pour trois années, les *Pachas triennaux.*

Le paradoxe est que, si le pouvoir nommé par Istanbul était faible, celui exercé par les Turcs de la Régence d'Alger était fort. Comme ces derniers fondaient leur autorité sur leur ottomanisme, il en résulta une forte stratification socialo-ethnique, fondée sur une hiérarchisation coloniale de la société algérienne avec, à sa tête, les janissaires.

Les menaces européennes, marocaines et tunisiennes firent qu'il n'y eut jamais de rupture entre Alger et le centre de l'empire ottoman. Voilà qui explique largement pourquoi, il n'y eut pas d'évolution vers une monarchie nationale comme en Tunisie avec les Husseinites ou comme à Tripoli avec les Karamanli. La raison en est simple :

> « La solution à la tunisienne impliquait le recrutement local de soldats, l'établissement d'une dynastie locale et par conséquent une détente des liens avec le centre. Mais les janissaires optèrent pour l'autre solution, celle qui maintenait leur dépendance au centre, ainsi que le recrutement au centre de l'empire, clé du système de l'ocak, c'est-à-dire aux mains du sultan. Désormais, on vit un jeu très élaboré de l'élite ottomane d'Algérie, dans lequel elle essayait d'acquérir le plus d'autonomie possible, tout en manifestant sa loyauté au sultan » (Shuval, 2002 :13).

La caste coloniale ottomane d'Algérie s'imposa donc à la population tout en demeurant loyale au sultan, et cela par quatre moyens :

1 - En affirmant constamment sa « turquité », et refusant en conséquence toute intégration, toute fusion et en bloquant toute possibilité d'intégration des indigènes au sein de l'élite coloniale turque.

2 - En évitant autant que possible de se métisser, mettant pour cela de nombreux obstacles aux mariages avec des femmes indigènes. Cette politique clairement endogamique et qui fut poursuivie durant toute la période avait pour but d'éviter la dissolution par mariage dans la masse de la population. Une véritable ségrégation fut alors la règle avec :

> « [...] la distinction entre le statut légal des fils des membres de la milice (turque) et des femmes indigènes, les *kouloughli* et les fils que les membres de l'élite ottomane eurent avec des femmes étrangères[58], qui étaient considérés comme de véritables Turcs » (Tal Shuval, 2002 : 12).

58 • Essentiellement les femmes esclaves européennes. Les *Kouloughli* se révoltèrent plusieurs fois contre ce statut discriminant qui montrait bien que l'élite ottomane voulait à tout prix éviter de se dissoudre.

3 - Par la ségrégation des *Kouloughli*, fils de janissaires et de mères indigènes, ce qui posa d'ailleurs constamment des problèmes d'ordre politique. À la fin de la période turque, nombre de *Kouloughli* réussirent néanmoins à intégrer la milice et à obtenir de hauts postes administratifs.

4 - En recrutant la force frappe militaire de la Régence, les janissaires, dans l'empire, et non localement[59], comme cela se fit Tunisie. Or, une telle politique impliquait la reconnaissance de l'autorité turque car le recrutement des janissaires se faisait dans l'empire.

**Les janissaires**

Les janissaires (*yéni-tchéri* ou nouvelle milice) comme les Mamelouk en Égypte –, étaient des esclaves guerriers exclusivement blancs d'origine slave, turque ou caucasienne. Les Noirs ou les Asiatiques ne pouvaient en aucun cas en faire partie (Ayalon, 1996:19).

Les janissaires furent d'abord importés depuis l'Asie centrale – populations turques – puis de la Russie méridionale, surtout du Caucase (Circassiens) et des Balkans où par la loi dite du *devchirmé,* des milliers de jeunes garçons chrétiens étaient enlevés à leurs familles pour devenir des soldats de métier musulmans.

La sélection qui précédait l'enrôlement était impitoyable, tant sur leur lieu de capture ou d'achat qu'au moment de la revente par les marchands spécialisés dans les pays d'utilisation. Ibn Khaldoun écrit que les fournisseurs :

> « [...] choisissent la fine fleur des prisonniers : les garçons semblables à des pièces d'or et les filles semblables à des perles ». (Ayalon, 1996 : 39)

59 • La milice d'Alger ne comptait que très peu d'indigènes. L'analyse de 1 460 inventaires après décès de janissaires morts au XVIII$^{e}$ siècle montre que seulement 16, soit environ 1% étaient des indigènes (Shuval,2002 : 13).

Une fois affranchi et devenu janissaire, le jeune guerrier recevait un prénom turc, un des signes distinctifs de son appartenance à la caste guerrière. Le *cognomen* du janissaire marquait son rattachement à la troupe d'un chef prestigieux qui l'avait sélectionné, acheté, formé, puis affranchi.

Dans la première moitié du XVIe siècle, les *rais* et les gouverneurs envoyés par la *Sublime Porte* vécurent sur mer ou retranchés dans certains ports en raison de l'hostilité des tribus. À partir de 1550, les Turcs commencèrent à s'intéresser à l'arrière-pays. Hassan Pacha, fils de Khayr ad-Din Barbaros, fit alors de Tlemcen un centre militaire et administratif. Son successeur, Salih Reis (1552-1556), installa une garnison à Biskra d'où il s'avança dans le Sahara, occupant Touggourt et Ouargla (carte p. 150).

Au XVII[è] siècle, les rapports entre Alger et *La Porte* furent particulièrement complexes. Si, en 1638 la flotte d'Alger obéit à l'ordre du sultan Murad IV (1623-1640) de le rejoindre dans la guerre contre Venise, l'année suivante, en 1659, les autorités d'Alger contestèrent la nomination d'un nouveau *pacha*. Plutôt que d'envoyer une expédition afin de ramener les rebelles dans la voie de l'obéissance comme il l'avait fait dans d'autres contrées de l'Empire, le Grand Vizir Kopriliu Mehemet Pacha écrivit alors une lettre méprisante aux Algérois :

> « [...] aucun *vali* ne sera envoyé chez vous. Vous pouvez vouer obéissance à qui bon vous semble. Le Padichah n'a pas besoin des serviteurs de votre genre. Il possède déjà mille pays comme l'Algérie. Que l'Algérie existe ou pas ne change rien pour lui. Dorénavant il vous est interdit de vous approcher des côtes ottomanes » (Cité par Tal Shuval, 2002 : 14).

La réaction du *divan*[60] d'Alger fut singulière car il dépêcha au Grand Vizir un messager pour lui annoncer qu'il accueillerait n'importe quel *pacha*, « même un chien ». L'envoyé d'Alger attendit plus d'un an une réponse, puis il fut exécuté. Finalement, en 1661, *La Porte* envoya un *pacha* après avoir montré à Alger qu'elle pouvait se passer d'elle quand cette dernière avait au contraire besoin de sa protection contre les menaces européennes et marocaines.

Au XVIII[è] siècle, Alger prit davantage d'autonomie par rapport à la Sublime Porte, mais sans toutefois rompre avec elle.

À cette époque, les provinces ou *beylik* étaient au nombre de sept (Alger, Constantine, Oran, Mascara, Mazouna[61], Tlemcen et Médéa). Chaque *beylik* était divisé en plusieurs *Outan* ayant à leur tête des *caïds* dépendant directement du *Dey*. Un siècle plus tard, à la veille de la conquête française, la Régence turque d'Alger n'était plus divisée qu'en trois *beylik* (provinces) soumis à l'autorité théorique du *dey* d'Alger et dirigés par trois *beys*. Il s'agissait du *beylik* de Titteri dont le chef-lieu était Médéa, du *beylik* de Constantine et de celui de Mascara[62]. En plus de ces trois ensembles, et dépendant directement de l'autorité du *dey* d'Alger, le *Dar es Sultan* s'étendait à la Mitidja et jusqu'à l'atlas blidéen.

Dans les *beylik* l'autorité « centrale » était plus qu'inégale. Elle était théoriquement représentée par des *caïds* nommés par l'administration turque qui avait à sa disposition une force d'intervention, les janissaires. Cependant, comme il n'était composé au maximum que de 15000 hommes pour toute

60 • Le *divan* ou *diwan* était le conseil des principaux responsables militaires et territoriaux.
61 • Actuelle région de Relizane.
62 • Qui devint celui d'Oran à partir de 1792, date du départ définitif des Espagnols qui occupèrent la ville jusqu'à cette date.

la Régence, le corps des janissaires était incapable, à lui seul, de faire respecter l'autorité du *dey.* C'est pourquoi le pouvoir ottoman s'appuyait sur les tribus dites *makhzen*, auxquelles était délégué le maintien de l'ordre et la levée de l'impôt. Ces tribus *makhzen* exerçaient une véritable suzeraineté sur plusieurs tribus *raïas* qu'elles dominaient, exploitaient et pressuraient.

Chaque membre du *makhzen* était dispensé d'impôt, se voyait remettre un cheval et un fusil et devait en échange le service militaire. Les tribus rebelles pouvaient être dépossédées de leurs terres qui étaient alors attribuées aux tribus *makhzen*. Pour appuyer ces dernières, des postes, les *bordj*, furent créés dans lesquels étaient casernés des janissaires.

Plusieurs tribus berbères furent *makhzen*. Ainsi les Zaoua qui constituent une branche des Kutama et dont le territoire se situe entre Alger et Bougie. Dans la région de Tizi Ouzou, les Aït Boukhtouche furent également *makhzen* après de longues résistances, ainsi que les Aït Mahieddine, les Ameraoua et les Guechtoula de la région de Sebaou, de même que les Abid de la région de Boghni en Kabylie. À Constantine les Ottomans eurent de solides alliés avec les Arabes Zemoul, tribu *makhzen* depuis le XVIe siècle.

En 1817, le *Dey* Ali Kodja (1817-1818), lassé de l'indiscipline des janissaires et réceptif aux plaintes de la population qui avait à subir leur arrogance, décida de les mettre au pas. En réaction, les janissaires se mutinèrent et le *Dey* fit alors appel aux *Koulougbli* et à deux tribus, les Be'ni Zamoun et les Zaoua[63]. Plus d'un millier de janissaires furent tués dans les combats et les survivants capitulèrent. La majorité d'entre eux fut ensuite rapatriée en

63 • Ce qui entraîna en 1818-1819 le soulèvement des Ameraoua de la région du Sebaou, des Guechtoula et des Abid de la région de Boghni, trois tribus *makhzen* mécontentes de cette nouvelle alliance qui risquait de les marginaliser.

Turquie. À partir de ce moment, la milice janissaire ne fut plus qu'un contingent d'appoint au service du *Dey* qui perdit avec elle l'essentiel de sa force de frappe, ce qui lui fera cruellement défaut lors du débarquement français au mois de juillet 1830.

Pour tenter d'administrer leurs *beylik,* les *beys* s'appuyèrent sur les chefs tribaux qui en profitèrent pour renforcer leur puissance. Dans tous les cas, les zones qu'ils contrôlaient étaient réduites car la plupart des tribus Berbères, sédentaires ou nomades, étaient de fait indépendantes. Seule la perception de l'impôt était relativement bien assurée au moyen d'un système d'intéressement qui, et comme nous l'avons vu, consistait à exonérer les tribus chargées de le lever et qui, de plus, leur donnait droit de *razzia* sur celles qui ne s'y soumettaient pas.

La situation était très différente à Alger même et dans les chefs-lieux des provinces. Alger et sa région où les janissaires étaient relativement nombreux, était dirigée par un *dey* turc qui prenait appui sur des notables turcs qui le désignaient. Les derniers *dey* vécurent quasiment enfermés avec leur milice janissaire dans la forteresse de la *casbah* qui dominait le port d'Alger. Leur administration reposait sur le *divan.*

À Constantine, à Titteri ou dans la région d'Oran, où les responsables turcs ne disposaient que d'un nombre restreint de janissaires, l'autorité était parfois exercée par des *Kouloughli*[64], comme à Tlemcen ou à Mostaganem.

Dans la Régence d'Alger, le problème *kouloughli* se posa d'une manière récurrente. Il venait du fait qu'étant de mères indigènes, les *Kouloughli* avaient des liens avec les populations,

64 • Pour tout ce qui concerne les Kouloughli dans la régence d'Alger, voir Pierre Boyer (1970).

ce que n'avaient pas les Turcs qui étaient perçus comme des occupants. Ils pouvaient donc menacer leur pouvoir. Ceci fit que durant toute la période de la Régence, les rapports entre *Koulougbli* et Turcs furent régulièrement tendus.

Deux grands conflits les opposèrent, le premier en 1596 et le second, le plus important, en 1629 quand, alliés à certaines tribus kabyles, les *Koulougbli* tentèrent de prendre le pouvoir à Alger. Au terme d'une guerre de dix années, ils furent amnistiés (Boyer, 1970), mais ils ne recouvrirent cependant leurs anciennes attributions qu'en 1693 quand le *Dey* Chaban (Hadj Chabane) qui exerça ses fonctions de 1688 à 1695, les rétablit dans tous leurs droits.

## Des mouvements « pré-nationaux » ou des révoltes berbères ?

Durant la période ottomane, les révoltes berbères furent continuelles, ce qui posa de nombreux problèmes à l'administration car les tribus qui se révoltaient étaient souvent des tribus *makhzen*. Cependant, à aucun moment, ces mouvements ne prirent la forme de revendication « nationale ». La chronologie permet de bien saisir le phénomène.

Les premières révoltes eurent lieu en Haute Kabylie, avec le « royaume » de Kouko, fondé en 1515 sur les contreforts du Djurdjura et qui constituait un verrou sur la route menant de la Haute-Kabylie jusqu'à Bgayet (Bejaïa ou Bougie). Son fondateur, Sidi Ahmed ou el Kadhi, gouverneur de Bône (Annaba) pour les Hafsides fut d'abord un allié des Turcs contre les Espagnols, avant de devenir leur farouche adversaire. En 1520, Khayr ad-Din Barberos décida de le conquérir, mais les Kabyles contre-attaquèrent et ils réussirent à s'emparer d'Alger. Ce soulèvement força alors Khar ad-Din Barberos à se replier à Djidjelli[65].

En 1521, Khayr ad-Din Barberos prit Collo ; puis, en 1522, ce fut le tour de Bône et de Constantine où il s'allia à la tribu arabe des Zemoul qui devint à partir de ce moment une tribu *makzen*.

En 1525, grâce à l'aide d'Abd-el-Aziz, chef des Aït Abbas ou Beni-Abbès, une des plus puissantes tribus de Kabylie, Khayr ad-Din Barbaros prit Alger d'où il chassa les Kabyles du royaume de Kouko, puis, en 1527, il s'empara de la plaine de la Mitidja.

En 1596, Kheder Pacha s'allia à plusieurs tribus kabyles afin de lutter contre les janissaires.

Durant le XVII[è] siècle, plusieurs révoltes kabyles eurent lieu, mais aucune ne menaça la présence ottomane. À partir du XVIII[è] siècle, l'affrontement entre l'empire ottoman et celui des Habsboug ayant quitté l'espace nord-africain, les insurrections kabyles reprirent de l'ampleur.

**Les principales révoltes**

- En 1714, l'*Agha* Mustapha fut défait par les Aït Aïssa Mimoun ;
- En 1757 éclata la révolte des Guechtoula durant laquelle Cherif Agha fut tué à Boghni ;
- En 1767, les Flissa Oum Ellil se soulevèrent ; en 1768 ils occupèrent la Mitidja mais une querelle entre les Flissa Oum Ellil et les Maatka, sauva Alger ;
- En 1768, les Zaoua envahirent le *Dar es sultan*, autrement dit la Mitidja et ils menacèrent Alger ;
- En 1798 et 1799, les Flissa Oum Ellil se soulevèrent à nouveau. Au même moment, la révolte de la confrérie soufie des Derkaoua

65 • Sidi Ahmed ou el Kadhi fut assassiné en 1527et son succeseur, Lhoussin Ou Lqadi, s'allia aux Turcs. Le « royaume »de Kouko survécut jusqu'en 1632.

qui refusait d'obéir à un pouvoir temporel, en l'occurrence celui du *Dey*, entraîna plusieurs tribus tant arabes que berbères de l'Ouarsenis et de petite Kabylie ;

- En 1799 une colonne turque envoyée contre les Aït Ouaguenoun fut mise en échec à Aqaouj, près de Tizi Ouzou ;

- En 1809 Agha Yahia fut battu à Makouda, à une vingtaire de kilomètres de Tizi Ouzou ;

- Entre 1807 et 1813, les guerres contre Tunis favorisèrent un rapprochement entre Turcs et Kabyles mais, en 1813, l'échec d'Omar Agha devant Tunis fut attribué à la trahison des contingents kabyles. Certains de leurs chefs furent alors décapités, ce qui provoqua un soulèvement. Menacés, les Turcs résistèrent grâce à l'aide que leur prodiguèrent deux tribus berbères, les Flissa Oum Ellil et les Aït Ouaguenoun ;

- En 1810-1815 eut lieu la révolte des Kabyles des Babors et des Iflissen de la Soummam ;

- En 1814, nouvelle invasion de la Mitidja par les Flissa Oum Ellil alliés aux Aït Ouaguenoun ;

- En 1818, dans le Djurdjura prise du borj de Boghni ;

- En 1819 eut lieu le soulèvement des Ameraoua du Sebaou et des Iguechtoulene de Boghni qui fut écrasé par les par les tribus arabes alliées à la Régence.

- En 1823-1824 un soulèvement se produisit en Kabylie. Les Mezzaïa assiégèrent Bougie cependant que les Aït Abbes isolaient Alger en coupant la route Alger-Bougie-Constantine ;

- En 1825 Yahya Agha entra en campagne contre les Aït Djennad, mais il fut battu à Abizar près de Timizart au nord de Tizi-Ouzou ;

- En 1829 l'Aurès qui refusait l'impôt se rebella, ce qui entraîna les représailles du *Dey* de Constantine ;

- En 1824, la partie orientale de la Kabylie se souleva.

Les Mezzaïa attaquèrent Bougie cependant que les Beni Abbès coupèrent la route Alger-Constantine ;

- Enfin, à la veille de la conquête française, les Ouaguenoun et les Aït Djennad furent en rébellion contre Alger.

Ces révoltes furent très majoritairement des mouvements berbères et plus encore, des insurrections kabyles qui se produisirent pour des raisons politiques, économiques ou culturelles. À aucun moment, elles ne furent animées par un sentiment prénational « algérien ».

# Chapitre V

•

# Abd el-Kader, une résistance « nationale » ou arabe? Mokrani, une résistance « nationale » ou berbère?

> « Tout le monde sait que j'ai toujours considéré l'Algérie comme le plus funeste présent que la Restauration ait fait à la Révolution de Juillet ». (Bugeaud, 15 janvier 1840).

Les guerres qu'Abd el-Kader et Mokrani menèrent contre la France de 1839 à 1847 pour la première, en 1871 pour la seconde, sont présentées par l'histoire officielle algérienne comme des résistances nationales à la colonisation. La réalité est autre. La guerre d'Abd el-Kader ne concerna qu'une partie de l'actuelle Algérie, essentiellement l'Oranie ; ce fut avant tout une résistance arabe et musulmane à laquelle les Kabyles refusèrent de participer. Quant à la guerre de Mokrani (1871-1872), ce fut un soulèvement berbère durement condamné par Abd el-Kader alors exilé en Syrie et qui fut en partie écrasé par les unités « arabes » recrutées dans l'ouest algérien.

## L'Algérie, une conquête improbable

Contrairement à une croyance populaire française, la lutte contre la piraterie ne fut pas le motif de l'expédition d'Alger car en 1830, cette activité avait quasiment pris fin depuis une dizaine d'années. Même si les Français délivrèrent tout de même 122 captifs du bagne d'Alger[66].

66 • Sur les raisons de l'expédition d'Alger, on se reportera à Amar Hamdani (1985) et à Péan (2004).

L'expédition française d'Alger est en réalité née à la fois d'une magouille financière concoctée par des aigrefins, d'un faux prétexte destiné à sauver une monarchie aux abois et d'une suite de maladresses ou de provocations tant algéroises que françaises. Cet enchaînement de causes mineures déboucha sur l'expédition française et cette dernière sur la prise de contrôle d'un territoire dont la France ne sut d'abord que faire. Dans un premier temps sa politique y fut incohérente et dans une seconde période, sa projection jacobine y tua dans l'œuf toute possibilité de destin commun.

Les rapports entre Paris et la Régence d'Alger s'étaient détériorés sous la Restauration quand le *Dey* Hussein (1818-1830) avait cherché à récupérer la « créance Bacri ». La France devait en effet 7 millions de francs à son Trésor car, durant la période révolutionnaire, Alger lui avait livré de grandes quantités de blé. Les intermédiaires, qu'il s'agisse des Bacri ou des Busnach, représentants de riches familles de négociants juifs de la Régence, ou encore du ministre Talleyrand, y avaient certes beaucoup gagné, mais la dette n'avait jamais été payée. Paris et Alger avaient longtemps discuté, transigé. Finalement, en 1820, Louis XVIII avait remboursé la moitié de la créance, mais la somme avait été consignée dans l'attente d'un arbitrage.

Comme rien n'avait été versé à son trésor, le *Dey* d'Alger soupçonna le consul Deval de détournement et il demanda à Charles X son rappel. La réponse française n'était pas arrivée quand, le 30 avril 1827, se produisit l'« incident Deval ».

Étonné de voir encore figurer cet affairiste à la réputation douteuse parmi les représentants des nations étrangères accréditées à Alger, le *Dey* le congédia. Se voulant méprisant, il lui notifia qu'il devait se retirer de sa vue au moyen du chasse-mouches qu'il tenait à la main. Il n'y eut donc pas de soufflet donné à Deval, mais le prétexte était tout trouvé pour un régime français aux abois et qui escomptait un regain de popularité d'une victoire en terre d'Afrique.

Les choses auraient pu en rester là, mais des maladresses et des provocations furent commises dans les deux camps, ce qui envenima la situation ; d'autant plus que le *Dey* ayant refusé de présenter des excuses, la France considéra qu'il y avait *casus belli.*

Au mois de juin, deux missions furent envoyées à Alger. La première fut chargée d'évacuer le consul et les ressortissants français, la seconde remit un ultimatum transmis par le consul de Sardaigne. Le *Dey* avait 24 heures pour présenter des excuses, arborer le pavillon français sur tous les bâtiments officiels, faire saluer ce dernier par cent un coups de canon. Enfin, tous les principaux officiers de la Régence, à l'exception du *Dey*, se rendraient à bord du vaisseau *La Provence* mouillé en rade d'Alger pour y présenter des excuses au consul Deval.

Le *Dey* Hussein ayant rejeté cet ultimatum insultant, la marine française mit le blocus devant Alger. Désormais, la marche à la guerre n'allait plus pouvoir être arrêtée. D'autant plus que le 17 juin 1829, les frégates *Duchesse de Berry* et *L'Iphigénie* tentèrent de détruire un navire corsaire mouillé près de Dellys. La mission fut réussie, mais trois chaloupes s'échouèrent et les quatre-vingts marins qui les montaient se retrouvèrent encerclés. Après une résistance désespérée, une cinquantaine réussit à regagner les autres embarcations, mais vingt-deux matelots et deux officiers furent massacrés et leurs têtes furent salées puis vendues à Alger.

Le 3 août 1829, la France fit néanmoins un geste d'ouverture en levant le blocus d'Alger et en envoyant des parlementaires. Les Algérois prirent cette démarche pour de la faiblesse et ils bombardèrent le navire des plénipotentiaires.

Dès lors, l'expédition fut lancée à partir d'un plan de débarquement qui avait été dressé en 1808 par un officier du génie, Vincent-Yves Boutin (Marchioni, 2007).

Le 14 juin 1830, le corps expéditionnaire français fut mis à terre sur la plage de Sidi Ferruch, à une trentaine de kilomètres à l'ouest d'Alger.

Une première bataille se déroula à Staoueli le 19 juin, puis une seconde à Sidi Khalef le 24 juin. Le 3 juillet débuta le bombardement d'Alger et le siège du Fort l'Empereur[67] qui fut pris par les Français le 4 juillet après que ses défenseurs l'eurent fait sauter. La ville capitula le 5 juillet.

Se posa immédiatement la question de savoir ce qu'il convenait de faire avec ce qui apparût vite comme une « encombrante conquête ». Fallait-il se contenter d'une occupation restreinte ou bien, au contraire, occuper toute la façade maritime de l'ancienne Régence turque d'Alger ? Chez certains militaires aussi bien que chez certains civils, l'opinion était qu'il ne fallait pas prolonger la conquête (Guiral, 1992 : 38-41). Or, ce fut Abd el-Kader qui, par son attitude hostile contraignit la France à rester en Algérie.

## Abd el-Kader, une résistance arabe

Né à Mascara en 1808, Abd el-Kader appartenait à la tribu arabe des Beni Hachem (les Hachémites), elle-même apparentée à la lignée des Idrissides, les fondateurs du premier Etat marocain au IX$^{e}$ siècle. Il descendait donc du Prophète, comme le sultan alaouite qui était alors sur le trône du Maroc. Mahi ed Dine,

67 • Ce fort avait été édifié en1545 par le *Dey* Hassan Pacha sur le lieu même où, en 1518, le vice-roi de Sicile, Hughes de Moncade, avait planté sa tente lors de son expédition malheureuse. En 1541, une autre expédition malheureuse fut lancée par l'empereur Charles-Quint cette fois.

le père d'Abd el-Kader avait d'ailleurs été son *khalifa* (ou représentant) à Tlemcen. Opposant au pouvoir turc, il avait par deux fois été condamné à la prison, en 1818 et en 1824.

L'émir Abd el-Kader (1808-1883) à la fin de sa vie alors qu'il vivait à Damas en Syrie.

Abd el-Kader voulut utiliser la présence française qu'il pensait provisoire pour faire éliminer par l'armée française les tribus opposées à son pouvoir et devenir ainsi *« sultan des Côtes d'Alger, d'Oran et de Tlemcen jusqu'à la frontière de Tunis »*.

Le 23 avril 1833, Louis Alexis Desmichels (1779-1845), brillant officier ayant participé à la plupart des campagnes napoléoniennes, prit le commandement de la garnison d'Oran. À son arrivée, la situation militaire était confuse car plusieurs tribus de la vallée du Sig (région de Mascara), s'étaient soulevées contre les Français. Au début du mois de mai, il pacifia la région mais, quelques jours plus tard, une forte troupe commandée par Abd el-Kader marcha sur Oran. Le 27 mai, la ville fut attaquée et les assaillants repoussés après avoir subi de lourdes pertes.

Profitant de cette victoire, Desmichels se mit en marche vers Mostaganem qu'il prit fin juillet. Durant les mois suivants les combats furent incessants. L'année suivante, le 4 février 1834, après une nouvelle victoire, le général signa un traité de paix. Connu sous le nom de *Traité Desmichels*, il reconnaissait l'autorité d'Abd el-Kader sur toute la partie ouest de l'actuelle Algérie à l'exception des villes d'Oran, de Tlemcen et de Mascara.

La signature de ce traité provoqua une forte tension à l'état-major et Desmichels fut relevé de son commandement par le général Théophile Voirol, commandant en chef de l'armée d'Afrique[68].

En effet, alors que par ce traité, Desmichels favorisait le renforcement de l'autorité d'Abd el-Kader, Voirol soutenait au contraire les tribus insurgées contre lui, notamment les Douera, qui venaient de le vaincre et qui avaient même enlevé son camp.

Comme ils détestaient Abd el-Kader – dont le père avait été leur adversaire à l'époque de la Régence ottomane –, les Turcs, les *Kouloughli* de Tlemcen ainsi que les anciennes tribus *makhzen* de l'Oranie, à savoir les Douera (Douairs) et les Smela qui étaient dirigées par Mustapha ben Ismaïl, s'étaient en effet soulevées. Or, en application du traité qu'il avait signé avec Abd el-Kader, le général Desmichels avait fait remettre à ce dernier 400 fusils et de la poudre, cependant que la cavalerie française avait appuyé son offensive contre les Douera qui durent battre en retraite le 13 juillet 1834.

68 • Bertrand Clauzel fut commandant en chef de l'armée d'Afrique du 12 août 1830 au 31 janvier 1831. Il fut remplacé dans ce poste par Berthezène le 6 décembre 1831 ; Savary succéda à ce dernier jusqu'au 29 avril 1833 date à laquelle Théophile Voirol le remplaça. Le 27 juillet 1834 Jean-Baptiste d'Erlon lui succéda comme dernier commandant en chef de l'armée d'Afrique puisque, le 7 juillet 1835, son successeur, Bertrand Clauzel fut nommé gouverneur général. Il exerça cette fonction jusqu'au 12 février 1837, date à laquelle il fut remplacé par Charles Damrémont tué le 12 octobre 1837 devant Constantine et remplacé le 13 octobre par le général Sylvain Valée puis par le général Thomas Bugeaud le 22 février 1841 auquel succéda le duc d'Aumale le 5 octobre 1847.

En 1835, le successeur du général Desmichels, le général Alphonse Trezel, reçut les envoyés des tribus Douera et Smela qui lui offrirent de se mettre au service de la France comme elles l'avaient été auparavent à celui de l'empire ottoman. Leur proposition fut acceptée, ce qui aboutit le 16 juin 1835 à la « Convention du figuier ».

Cet accord provoqua la colère d'Abd el-Kader qui voyait deux tribus qui lui étaient hostiles, passer au service des Français.

Afin de protéger ses nouveaux alliés menacés par Abd el-Kader, le général Trezel entra en campagne avec 1 700 hommes, soit dix fois moins que les effectifs de l'émir qui remporta deux victoires, l'une le 26 juin 1835, l'autre, la plus importante, le 28 juin dans le défilé de la Macta alors que la colonne française marchait vers Mascara, sa capitale[69].

La situation militaire devenant difficile, Paris nomma le général Thomas Bugeaud à la tête de l'armée d'Algérie avec ordre d'en finir avec Abd el-Kader. Bugeaud débarqua au mois de juin 1836 et le 6 juillet, dans la région de Tlemcen, il remporta la bataille de la Sikkak, un affluent de la Tafna. Le 30 mai 1837, le *traité de la Tafna* fut signé à l'avantage d'Abd el-Kader qui se voyait reconnaître la possession de l'Oranie et de l'Algérois, la France ne conservant qu'Oran et Alger ainsi qu'une petite zone de colonisation dans la Mitidja. Bugeaud avait donc suivi la même politique que Desmichels puisque la *convention de la Tafna* reconnaissait de fait l'autorité d'Abd el-Kader. Mis devant le fait accompli, le gouverneur Damrémont envoya un rapport à Paris dans lequel il protestait dans les termes suivants :

69 • Les pertes françaises furent de 300 morts.

« Le traité n'est pas avantageux, car il rend l'émir plus puissant qu'une victoire éclatante n'aurait pu le faire et nous place dans une situation précaire, sans garanties, resserrés dans de mauvaises limites ; il n'est pas honorable, car notre droit de souveraineté ne repose sur rien et nous abandonnons nos alliés ; il n'était pas nécessaire, car il ne dépendait que de nous de nous établir solidement dans la Mitidja et autour d'Oran, et de nous y rendre inattaquables en réservant l'avenir » (Cité par Guiral, 1992 : 152).

En 1838, alors qu'il était rentré en France où il avait retrouvé son siège de député de la Dordogne, certains représentants reprochèrent à Bugeaud les abandons contenus dans les *accords de la Tafna* et qui avaient fait d'Abd el-Kader le souverain de toute la partie occidentale de l'Algérie avec autorité sur les tribus qui s'étaient ralliées à la France.

Bugeaud défendit le traité qu'il avait conclu, répondant aux critiques des parlementaires avec un grand sens politique doublé d'une rare clairvoyance. Il argumenta, expliquant que l'alternative était simple : soit le traité qu'il avait signé, soit une guerre coûteuse en hommes, en moyens et en définitive inutile car le système militaire français étant inadapté, les territoires conquis ne pourraient dans tous les cas pas être conservés. D'ailleurs, quelle était au juste la politique de la France ? Avant toutes choses il importait de le savoir et Bugeaud déclara alors :

> « Vous n'avez pas encore de système ; je vous ai donné par le traité, du temps pour en juger ; et quand ce ne serait que cela, ce serait déjà un très grand service. »

Il ajoutait que si la France voulait conquérir l'Algérie il faudrait d'abord réorganiser l'armée en profondeur et lui donner d'autres moyens que ceux qui y étaient déployés. C'est ainsi que 100 000 hommes seraient nécessaires qu'il faudrait répartir en dix colonnes de 10000 hommes chacune, 3000 demeurant au dépôt et les 7000 autres légèrement équipés et très mobiles, devant sillonner le pays.

Abd el-Kader ne bougea pas en automne 1837 quand la France entreprit l'expédition de Constantine au cours de laquelle, le 19 octobre, le général Damrémont trouva la mort.

La rupture se produisit deux ans plus tard, en automne 1839, quand le maréchal Valée[70] relia Constantine à Alger par les « Portes de fer des Bibans »[71], ce qu'Abd el-Kader considéra comme une violation territoriale de la *Convention de la Tafna* et il proclama le *jihad*, la guerre sainte.

Les régions contrôlées par les Français furent alors attaquées, notamment les zones de colonisation de la Mitidja où de nombreux colons furent massacrés. Les postes de Koléa et de Blida furent assiégés et l'avant-garde d'Abd el-Kader poussa jusque sous les murs d'Alger.

En 1839, Abd el-Kader tenta d'attirer à lui les Kabyles et, pour cela, il se rendit dans la région de Vgayet (Bougie-Béjaïa), à Akbou chez les Aït Yala, ainsi que dans la vallée de la Soummam mais, en butte à l'hostilité des populations, il renonça. Lors de l'assemblée de Boghni, les Kabyles Iguechtoulène et les représentants de plusieurs autres tribus avaient fait savoir à Abd el-Kader que pour eux, il était « le sultan des Arabes » et qu'ils ne

70 • Le comte Sylvain-Charles de Valée commandait l'artillerie lors de la prise d'Alger en 1830. Il fut ensuite nommé chef de l'Artillerie et du Génie. Il prit le commandement après la mort du général Damrémont et c'est lui qui réussit l'assaut de Constantine. Il fut ensuite nommé gouverneur général de l'Algérie.

71 • Il s'agit de la première ride montagneuse de la petite Kabylie séparant la région côtière des plateaux et dont le nom vient des défilés par lesquels passe la route d'Alger à Constantine. Biban est le pluriel de Bab qui signifie porte..

le reconnaissaient donc pas comme chef. La tradition rapporte même qu'un chef kabyle aurait montré à un des envoyés d'Abd el-Kader, un plat plein de plomb, le « couscous noir », pour lui signifier qu'il ne voulait pas le voir chez lui. Pour les Kabyles, les Arabes avaient été au service des Turcs durant la période de la Régence, et ils avaient constamment participé aux expéditions que cette dernière menait lors de leurs fréquents soulèvements.

Les nouvelles d'Algérie étant alarmantes, le 15 janvier 1840, à l'Assemblée, le député Bugeaud donna son avis en séance. Après avoir exposé qu'il n'y avait selon lui que trois options possibles : l'abandon pur et simple, l'occupation maritime de « quelques Gibraltar » qui absorberait des effectifs disproportionnés pour des objectifs peu clairs, ou enfin la conquête totale, il déclara :

> « [...] Je ne serai pas suspect quand je dirai que l'occupation restreinte, me paraît une chimère. Cependant, c'est sur cette idée qu'avait été fait le traité de la Tafna. Eh bien, c'est une chimère [...] Messieurs, il ne reste pas trois partis à prendre : l'abandon, l'occupation maritime et la conquête absolue.
>
> L'abandon, la France officielle n'en veut pas [...]. L'occupation maritime serait bonne si l'on pouvait avoir sur la côte quelques Gibraltar qu'on pût garder avec 1 200 ou 1 500 hommes et approvisionner par mer. Mais il n'en est point ainsi ; vous avez des populations considérables à nourrir : 35 000 âmes à Alger, 12 à 15 000 à Oran, 8 000 à Bône, etc. Vous ne pouvez étouffer ces grosses populations entre quatre murailles, il leur faut une zone pour leurs besoins et pour la sécurité de ces zones il faut 25 ou 30 000 hommes. [...] Il ne reste donc, selon moi, que la domination absolue, la soumission du pays [...]. Oui, à mon avis, la possession d'Alger est une faute,

> mais puisque vous voulez la faire [...], il faut que vous la fassiez grandement. Il faut donc que le pays soit conquis et la puissance d'Abd el-Kader détruite [...] »

En mai 1840, toujours devant les députés, il s'opposa à la stratégie des petits postes suivie par le maréchal Valée :

> « Que diriez-vous, d'un amiral qui, chargé de dominer la Méditerranée, amarrerait ses vaisseaux en grand nombre sur quelques points de la côte et ne bougerait pas de là ? Vous avez fait la même chose. Vous avez réparti la plus grande partie de vos forces sur la côte, et vous ne pouvez, de là, dominer l'intérieur. Entre l'occupation restreinte par les postes retranchés et la mobilité, il y a toute la différence qui existe entre la portée du fusil et la portée des jambes. Les postes retranchés commandent seulement à portée de fusil, tandis que la mobilité commande le pays à quinze ou vingt lieues. Il faut donc être avare de retranchements, et n'établir un poste que quand la nécessité en est dix fois démontrée. »

Au mois de décembre 1840, le Maréchal Valée, gouverneur général de l'Algérie, fut rappelé en France et Bugeaud fut désigné pour le remplacer. Cette nomination par le roi Louis-Philippe provoqua des remous chez les partisans de la conquête car le nouveau commandant en chef était considéré par eux comme un adversaire de ce projet. Or, débarqué à Alger le 22 février 1841, ce fut lui, l'opposant à l'occupation de l'Algérie, qui soumit le pays en prenant Saïda, Boghari, Tlemcen, puis en fondant Orléansville.

Tandis que Bugeaud harcelait Abd el-Kader dans l'ouest de l'Algérie, Lamoricière et Changarnier dispersaient ses lieutenants dans la région d'Alger. Le 16 mai 1843, les cinq cents cavaliers du duc d'Aumale et de Yusuf capturèrent la *Smala (*camp mobile) d'Abd el-Kader. Les survivants se replièrent au Maroc, base arrière d'autant plus solide pour eux qu'Abd el-Kader avait épousé une des filles sultan Moulay Abderramane (1822-1859) et qu'il reconnaissait son autorité religieuse. Les *oulémas* de Fès décrétèrent alors que sa résistance s'apparentait au *jihad*, à la guerre sainte.

Or, en 1832, et afin d'obtenir la neutralité du sultan dans les affaires algériennes, Paris y avait envoyé une mission[72] dirigée par le comte de Mornay et à laquelle participa le peintre Eugène Delacroix. Lié par les accords de 1832, le sultan marocain Moulay Abderrahmane, ne pouvait aider trop ouvertement Abd el-Kader. Néanmoins, les Marocains se sentant solidaires de lui, il fut alors, comme l'avait été son père avant lui, considéré comme le *khalifa* du sultan et le Maroc le soutint par l'envoi d'armes et de vivres.

Après que le duc d'Aumale se fut emparé de sa *Smala* et qu'Abd el-Kader se fut réfugié au Maroc, Moulay Abderrahmane fut alors dans une situation embarrassante car, peu à peu, et contre son gré, il se trouva impliqué dans les affaires algériennes. Le 8 mai 1844, en territoire algérien, une tribu marocaine attaqua ainsi une unité militaire française et le roi Louis-Philippe décida une opération de représailles. Cette dernière fut à la fois maritime et terrestre.

Le 8 juin 1844, le roi confia au prince de Joinville[73] une division navale composée de quinze navires à bord desquels

---

72 • Delacroix se rendit au Maroc avec cette mission diplomatique. Ses carnets de dessins sont un « reportage » et l'admiration qu'il exprima à son retour pour les Marocains et leur civilisation reste un témoignage, enrichi par un regard d'artiste.

73 • François-Ferdinand, prince de Joinville était le troisième fils du roi Louis-Philippe. Ayant déjà une grande expérience maritime, il fut nommé vice-amiral à l'âge de 26 ans.

embarqua un corps de débarquement fort de plusieurs milliers d'hommes.

En territoire marocain, Lalla Maghnia fut occupée et un poste militaire y fut construit. Le 17 juin, Bugeaud occupa provisoirement Oujda (carte p. 150) où les troupes françaises attendirent durant deux mois le résultat des négociations franco-marocaines. Une entrevue eut lieu entre le *caïd* de la ville et le général Bedeau, mais les plénipotentiaires français furent attaqués, ce qui déclencha une vive émotion en France où le prétexte de l'intervention contre le Maroc fut désormais trouvé. Un ultimatum fut alors adressé au Maroc par l'intermédiaire du consul de France, mais le sultan qui pensait pouvoir compter sur le soutien de la Grande-Bretagne refusa les conditions françaises.

Après l'occupation de Mogador, port marocain du littoral atlantique par la marine française le 10 septembre 1844, et après la bataille de l'oued Isly[74] qui eut lieu le 14 octobre à l'ouest d'Oujda, le Maroc et la France signèrent le *traité de Tanger*. Aux termes de ce dernier, les Français obtinrent le licenciement des troupes marocaines stationnées à la frontière algéro-marocaine, et surtout la mise hors-la-loi d'Abd el-Kader.

Le 18 mars 1845, Français et Marocains signèrent ensuite le *traité de Lalla Maghnia* qui prévoyait, entre autres, le maintien de la frontière maroco-algérienne dans ses limites de l'époque de suzeraineté ottomane sur l'Algérie. Cependant, la nouvelle frontière était aussi incomplète qu'artificielle puisqu'elle partait de la mer pour courir jusqu'à la hauteur de Teniet Sassi, au sud-est d'Oujda. Tribus, villages et *ksours* furent séparés de la manière la plus artificielle, ouvrant ainsi la porte à tous les conflits ultérieurs et à la question dite « des Confins ».

74 • La littérature consacrée à cette bataille étant immense et de valeur inégale, le mieux est de se reporter à la synthèse de Jacques Frémeaux (1987).

Le traité donnait également à la France un droit de suite sur les territoires du sud marocain en cas d'attaque sur la frontière ou de révolte des Algériens soumis à la France. Ces clauses eurent de graves conséquences pour le Maroc car son intégrité territoriale était désormais en jeu.

Après la signature de ce traité, Abd el-Kader défia à la fois le Maroc et la France. Le 22 septembre 1845, en Algérie, il attaqua ainsi et extermina un détachement français retranché dans le marabout de Sidi Brahim à une quinzaine de kilomètres de Djemaa Ghazaouet, puis il parcourut l'ouest algérien en y soulevant les tribus. Ces opérations qui avaient été décidées sans tenir compte des intérêts du Maroc, firent que le sultan Moulay Abderrahmane porta désormais une oreille de plus en plus attentive aux agents français qui l'approchaient. Parmi ces derniers, Léon Roches, un personnage mystérieux qui parlait l'arabe et qui avait vécu deux ans aux côtés d'Abd el-Kader en se faisant passer pour musulman, et qui joua son rôle avec efficacité[75].

Le sultan Moulay Abderrahmane changea alors peu à peu d'attitude envers Abd el-Kader. D'autant plus que ce dernier ne respectait guère son autorité et que, jouant la politique du pire, il était prêt à susciter une guerre entre le Maroc et la France, ce dont le sultan ne voulait à aucun prix. Aux yeux de ce dernier, Abd el-Kader était devenu un dangereux agitateur et une menace pour le trône.

Moulay Abderrahmane l'écrivit clairement à son fils, alors gouverneur de Fès, dans une lettre en date du 8 août 1846 :

---

75 • Léon Roches a publié ses Mémoires en 1884 sous le titre « Dix ans à travers l'Islam (1834-1844) » par *Léon Roches, Interprète en chef de l'armée d'Afrique. Ancien secrétaire intime de l'émir Abd el-Kader. Ministre plénipotentiaire.*

> « [...] déployez tous vos efforts contre l'agitateur et employez toute votre énergie pour faire cesser ses agissements et ceux de ses partisans... de telle sorte que son expulsion vienne mettre fin aux propos que tiennent les ennemis de la Foi. Les tribus seront alors délivrées de sa tyrannie car il a voué une haine mortelle à notre gouvernement et il épie les occasions de lui nuire. Dieu nous délivre par sa grâce de cet homme et qu'il fasse échouer ses entreprises[76]. »

Les Français suivirent cette évolution avec intérêt et ils déployèrent de grands efforts pour faire admettre au sultan que la perte d'Abd el-Kader représentait un intérêt commun.

Au printemps 1847, les troupes du sultan tentèrent, mais sans succès, d'attaquer et de neutraliser Abd el-Kader qui s'était réfugié dans le Rif marocain. L'échec de cette entreprise eut tout pour inquiéter Moulay Abderrahmane ; aussi, une vaste opération militaire fut-elle décidée, précédée d'un travail de propagande parmi les tribus soutenant l'émir. Seuls, les Anglais continuèrent à fournir à ce dernier des armes en secret, par le *praesidio* espagnol de Melilla où les bateaux étaient déchargés.

À la fin du mois de novembre, Abd el-Kader envoya l'un de ses fidèles, Bou Hamedi, à Fès pour demander au sultan de le laisser partir vers le désert. Mais celui-ci, instruit par l'expérience d'autres promesses non tenues, refusa et il exigea qu'Abd el-Kader vienne se rendre à Fès.

Pendant ce temps, forte de 30 000 hommes, l'armée du sultan avançait. Abd el-Kader qui ne pouvait en aligner que 3 000 chercha à passer la Moulouya, mais l'armée marocaine le rattrappa. Lui ayant échappé et cherchant à rejoindre le sud, il fut intercepté par le général de La Moricière et le 23 décembre 1847,

76 • Lettre du sultan à son fils Sidi Mohamed, cité par Cosse Brissac (1931).

il se rendit aux Français contre la promesse de pouvoir s'exiler à Acre ou à Alexandrie avec ses fidèles. Les honneurs de la guerre lui furent rendus et le duc d'Aumale s'engagea à lui rendre sa liberté afin qu'il puisse se retirer au Levant[77].

## La révolte kabyle de 1871 une résistance prénationale algérienne ?

Pour Yacine Temlali, auteur d'un livre (2015) cité plus haut, la révolte kabyle de 1871 est une « prérévolte nationale (lire algérienne) plutôt qu'un soulèvement berbérophone de l'espace kabyle » (*Huffpostmaghreb*, en ligne).

À l'image des autres historiens défenseurs de la thèse officielle algérienne, Yacine Temlali fait donc de Mokrani une sorte de prénationaliste algérien. Cette vision est-elle historiquement licite ?

Le soulèvement kabyle de 1871 se fit en deux temps. Une première révolte, vite étouffée se produisit au sud de Souk-Ahras à la fin du mois de janvier 1871. Puis, au mois de mars, avec l'intervention de Mokrani, le mouvement s'étendit comme une traînée de poudre. Au mois d'avril 1871, la Petite Kabylie fut touchée, puis la région de Tébessa et enfin la Grande Kabylie (carte p. 149). Le 8 avril, l'insurrection prit une dimension religieuse quand Mohamed Ameziane El Haddad lança un appel aux armes au nom de la confrérie soufie des Rahmania. Le mouvement impliqua peut-être un tiers de la population totale de l'Algérie[78].

77 • La IIe République bientôt triomphante ne tint pas les engagements de la Monarchie de Juillet et Abd el-Kader fut enfermé à Toulon, ensuite à Pau et enfin au château d'Amboise. Libéré par Louis Napoléon, il fut officiellement reçu à Paris, visita la cathédrale de Notre-Dame de Paris et s'y recueillit. Il demanda et obtint de pouvoir se retirer au Moyen-Orient. Après un séjour en Turquie, il s'installa à Damas où, en 1860, lors d'une émeute, il protégea avec sa garde plusieurs milliers de chrétiens que les Turcs voulaient massacrer. Il mourut à Damas en 1883.
78 • Sur la révolte de Mokrani, voir Mouloud Gaïd (1993), Tahar Oussedik (2005) et Sicard (2013).

Ce n'était pas la première fois que la montagne bougeait. Des insurrections s'étaient en effet déjà produites entre 1858 et 1870 dans les Kabylies, les Aurès et le Hodna. Mais en 1871, le soulèvement prit une autre dimension, même si la présence française ne fut pas réellement menacée car ni le centre, ni l'ouest de l'Algérie n'apportèrent leur soutien aux Kabyles. Non seulement les tribus « arabes » de l'ouest ne rallièrent pas Mokrani, mais encore elles fournirent à la France les tirailleurs qui lui permirent d'écraser la révolte.

Les insurgés se rassemblèrent derrière Mohamed el-Mokrani (1815-1871)[79], un notable dont le père, cheikh Ahmed El Mokrani, *khalife* de la région de Medjana, sur les hauts plateaux, s'était rallié aux Français après la prise de Constantine en 1837 avant de participer à la colonne que le général Bugeaud mena contre Abd el-Kader en 1846-1847. Ce ralliement des Al-Mokrani aux Français avait, à l'époque, fait dire à Abd el-Kader :

> « Que leurs vœux ne soient jamais exhaucés. Que leur prière ne soit jamais accueillie. Qu'ils vivent dans l'opprobre et la misère. Qu'ils tombent si bas pour qu'un misérable juif puisse les soumettre à son pouvoir »[80].

Au mois de mars 1871, depuis Damas, Abd el-Kader qui n'avait rien pardonné, dénonça l'insurrection de Mokrani en ces termes :

> « Nous prions le Tout-puissant de punir les traîtres et de confondre les ennemis de la France »[81].

79 • De son vrai nom Aït Mokrane Hadj Mohand.

80 • Cité par Geneviève de Ternant (2007).

81 • Idem, cité par Geneviève de Ternant (2007).

La révolte de Mokrani fut d'abord aristocratique et féodale à la fois[82]. Même si des motifs personnels la renforcèrent, il n'en demeure pas moins qu'elle s'expliquait d'abord par une incompréhension de la nouvelle politique française, ce qui fit dire à ce « grand seigneur d'épée » selon les termes des officiers français qui l'avaient cotoyé :

> « Je consens à obéir à un soldat, mais je ne recevrai jamais d'ordres d'un juif, ni d'un marchand » (Cité par Martin, 1987 : 109).

L'allusion aux décrets Crémieux (voir plus loin) était donc très claire. Pourtant, selon Richard Ayoun (1988), là ne serait pas la cause de la révolte. Selon cet auteur, une telle interprétation serait même anachronique et relèverait d'une « légende » dont la diffusion serait postérieure aux évènements.

Cette position ne peut être suivie car la rupture entre Mokrani et la France est parfaitement datée. Un retour en arrière est nécessaire afin de le montrer.

En 1870, à l'exception des centres de colonisation et des villes, l'Algérie était administrée par l'armée, ce que contestaient les colons qui réclamaient l'imposition du régime civil. Or, le 7 mars 1870, quelques mois avant la chute de l'Empire, l'opposition républicaine étant au pouvoir à Paris avec Emile Ollivier, le parlement étendit à l'Algérie le régime républicain, remplaçant ainsi le régime militaire par le régime civil. Le maréchal de Mac-Mahon, gouverneur de l'Algérie, donna alors sa démission qui fut refusée par le gouvernement. Mokrani démissionna également de son poste de *bachaga*.

82 • Un rapport militaire français datant de 1871 le décrit comme un chef « issu d'une famille ancienne et puissante, doué d'une bravoure chevaleresque, riche et libéral jusqu'à la prodigalité (et il) dispose en maître souverain de toutes les contrées avoisinant son commandement ».

L'effondrement de l'Empire se produisit le 4 septembre 1870, avec la proclamation de la République suivie de l'insurrection parisienne et de l'arrivée aux affaires du gouvernement Gambetta.

Le 24 mars 1871, par un décret signé Crémieux, alors ministre de l'Intérieur, les villes et les centres de colonisation d'Algérie furent érigés en communes et les tribus vivant dans leur proximité leur furent rattachées. Une telle mesure signifiait qu'elles passaient sous l'autorité des maires des communes de plein exercice et aux termes de l'article 3 de ce décret, leurs chefs devenaient de simples agents municipaux. Dans le cas présent :

> « [...] cela impliquait que le bachaga Mokrani dont la majeure partie du territoire jouxtait la commune de Bordj Bou-Arredj, tombait sous l'autorité du maire de Bordj Bou-Arredj pour devenir... conseiller municipal de cette commune [...]. Ce décret causa une sourde inquiètude chez les chefs indigènes qui voyaient à terme la fin de leurs prérogatives et la perte de ce à quoi ils tenaient le plus, la *Heurma*, c'est-à-dire la considération, les honneurs dus à leur rang » (Sicard, 2013 : 27).

Mokrani fut révolté par ces mesures. Grand seigneur traitant d'égal à égal avec la France à travers ses représentants militaires, il n'accepta pas de devenir un subalterne de fonctionnaires civils.

Ses griefs contre la France républicaine sont parfaitement exprimés dans les lignes qui suivent et qui rapportent l'entrevue qu'il eut le 2 mars 1871, soit quelques semaines après le début de l'insurrection, avec le capitaine Olivier, officier du bureau arabe de Bordj Bou-Arredj :

> « Je vous ai prié de venir me trouver parce que je ne pouvais pas aller à vous ; les « mercantis » m'assassineraient si j'entrais

> dans la ville (Bordj Bou-Arredj) et vous seriez impuissant à me protéger car vous n'avez plus d'autorité. J'ai envoyé ma démission de Bachaga ; je ne veux plus servir la France [...] Comment voulez-vous que je serve votre gouvernement ? Je ne veux pas accepter votre république car, depuis qu'elle a été proclamée, je vois des choses horribles... J'étais habitué à écouter vos sages conseils ; à qui dois-je m'adresser aujourd'hui ? À vous, au commandant ou au commissaire civil ? Par la vérité de Dieu je n'y comprends rien : on insulte vos généraux devant lesquels on était tous soumis comme des serviteurs ; on les remplace par des « mercantis », par des juifs, et l'on pense que nous subirons cela ! Jamais, pour ma part, je ne le supporterai, et voilà pourquoi je donne ma démission [...][83].

Cette démission fut refusée par les militaires qui lui déclarèrent qu'ils ne pouvaient la recevoir car elle devait être remise aux autorités civiles désormais seules habilitées. Aussi, le 9 mars, Mokrani écrivit-il une lettre au général Augeraud, chef de la division de Constantine dans laquelle il lui annonçait qu'il allait prendre les armes :

> « Vous connaissez la cause qui m'éloigne de vous ; je ne puis que vous répéter ce que vous savez déjà : je ne veux pas être l'agent du gouvernement civil [...] Je m'apprête à vous combattre ; que chacun aujourd'hui prenne son fusil »[84].

Féodale et aristocratique, nous l'avons dit, la révolte de Mokrani fut également populaire mais étroitement ethnocentrée

83 • Déclaration du bachaga Mokrani au capitaine Olivier, officier du bureau arabe de Bordj Bou-Arredj, le 2 mars 1871. Cité par Sicard (2013 : 36).

84 • Lettre de Mokrani au général Augeraud, dans « Rapport sur les actes du Gouvernement de la Défense Nationale, Versailles,1875, page 768.

car, seuls les Kabyles se soulevèrent alors que les populations «arabes» de l'ouest se tinrent à l'écart du mouvement. À l'exception toutefois de la tribu arabe des Ouled Sidi Cheikh dont le soulèvement fut rapidement réprimé. Au moment du déclenchement de l'insurrection kabyle, l'armée d'Algérie était d'ailleurs largement composée d'unités de tirailleurs qui demeurèrent dans le devoir. Nous avons vu plus haut que les Kabyles étaient pour leur part restés à l'écart du soulèvement d'Abd el-Kader dans les années 1840, ce qui, dans les deux cas, rend difficilement ces deux mouvements assimilables à des révoltes pré-nationales algériennes.

L'insurrection fut une lame de fond en pays kabyle puisque entre 80000 et 100000 combattants coururent aux armes, attaquant fermes et villages. Tizi-Ouzou fut prise à l'exception du *bordj* à l'intérieur duquel une poignée de Français résista. Le 14 avril, les hommes de Mokrani prirent le poste de Palestro (aujourd'hui Lakhdaria) à un peu plus de 70 kilomètres d'Alger, puis l'insurrection toucha la région côtière. Les insurgés qui marchaient sur Alger furent arrêtés à l'Alma – aujourd'hui Boudouaou dans la *wilaya* de Boumerdès –, le 22 avril 1871 par des volontaires européens.

En France, malgré la *Commune*, le danger fut évalué à sa juste mesure et de très importants renforts furent promptement rassemblés. La lutte fut âpre, les villages perchés devant être enlevés les uns après les autres.

Le 5 mai 1871, sur l'oued Soufflat, près de Bouira, Mokrani fut tué par une colonne commandée par le général Saussier. La relation de sa mort faite par un rapport militaire français montre tout le respect que Mokrani avait imposé à ses ennemis :

> « [...] il descendit de cheval et, gravissant lentement, la tête haute, l'escarpement d'un ravin balayé par notre mousqueterie, il reçut la mort[85], qu'aux dires des témoins de cette scène émouvante il cherchait, orgueilleux et fier comme il eut fait du triomphe ».

Après sa mort, son frère, Bou Mezrag el Mokrani et son cousin El Hadj Bouzid le remplacèrent. Bou Mezrag el Mokrani fut capturé le 20 janvier 1872.

Dans ses représailles, la France eut la « main lourde » : condamnations à mort, déportations en Nouvelle-Calédonie, impôt de guerre, confiscation de terres, destruction de plantations, etc.

L'insurrection kabyle avait tiré sa force de son support ethnique mais ce fut également sa faiblesse car elle ne réussit pas à impliquer les tribus arabes. Ses traces demeurèrent même si, en dépit de petits mouvements périodiques, l'Algérie connut des décennies de paix.

Aux ordres des nouvelles autorités républicaines l'amiral de Gueydon, un monarchiste qui avait écrasé la révolte, installa des villages de colonisation sur les terres confisquées aux tribus insurgées. Son successeur, le général Chanzy, un authentique républicain, acheva de mettre en place le régime civil qui broya sans états d'âme les identités indigènes.

85 • Il fut tué d'une balle en plein front.

# Chapitre VI

## Que s'est-il passé à Sétif et à Guelma au mois de mai 1945?

Dans les années 1990, les autorités algériennes s'engagèrent dans une vaste entreprise de réécriture de l'histoire de la lutte pour l'indépendance. La surenchère nationaliste entraîna alors un véritable recul de l'état des connaissances historiques alors que, depuis plusieurs années, les historiens des deux rives de la Méditerranée en étaient presque arrivés à une « subjectivité équilibrée ». À la suite de nombreux travaux publiés entre les années 1965 et 1990, les chercheurs avaient en effet commencé à quitter les tortueux chemins de la mémoire pour emprunter ceux, plus dégagés, de l'Histoire.

Leurs efforts furent réduits à néant durant la terrible décennie 1990 quand l'Algérie, alors en pleine guerre civile, fut au bord de l'implosion. À la recherche de thèmes d'union nationale, ses dirigeants pensèrent alors les trouver dans la dénonciation de la France. La manœuvre trouva son point d'orgue en 1995 lors de la célébration du cinquantenaire des évènements de Sétif qui furent présentés comme le cas d'école des massacres perpétrés par la France en Algérie. La campagne fut orchestrée en France où, en 1995, un colloque fut consacré à la question à l'occasion de la projection sur la chaîne *Arte* d'un film de Mehdi Lallaoui et Bernard Langlois intitulé *Le massacre de Sétif*.

Aujourd'hui, nous savons ce qui s'est passé dans le nord constantinois, notamment à Sétif et à Guelma, ce qui fait que l'état des connaissances scientifiques est bien éloigné de ce que véhiculent les médias et l'histoire officielle algérienne.

Il y eut certes une répression française, mais, primo, elle fut la conséquence du massacre de 109 Européens ; secundo, cette répression n'eut pas l'ampleur que lui donne la version officielle algérienne.

Un point final à l'artificielle controverse concernant l'insurrection du nord constantinois a été mis par Roger Benmebarek (2010 en ligne) et surtout par Roger Vétillard (2008, 2011, 2012, 2016), lui-même natif de Sétif.

Au terme d'une longue et minutieuse enquête et du dépouillement de nombreuses archives dont celles de la justice militaire, ce dernier montre qu'avec les événements de Sétif et de Guelma, nous sommes en présence d'un soulèvement destiné à mettre la France devant le fait accompli indépendantiste. Voulant profiter des commémorations de la fin de la guerre, le PPA (Parti du peuple algérien) avait en effet décidé d'organiser une démonstration de force pour réclamer à la fois à la fois la libération de son leader Messali Hadj arrêté et déporté à Brazzaville quelques jours plus tôt, le 25 avril, et l'indépendance.

Ce soulèvement devait être suivi d'une insurrection dans toute l'Algérie, mais la coordination étant mal assurée, il ne toucha que les régions de Sétif et de Guelma[86]. Ce fut en quelque sorte une répétition des événements de la Toussaint 1954 que la IVe république fut incapable d'anticiper.

86 • Chawki Mostefai dit au contraire que ce fut en réaction à la répression française que des tentatives eurent lieu ailleurs en Algérie : « La répression est telle que la direction du parti (le PPA) est obligée d'émettre un ordre d'insurrection générale à titre de diversion. L'objectif est de desserrer l'étau sur le Constantinois ». (Chawki Mostefaï, 2015).

«Dès 1943, une insurrection se prépare en Algérie. Le PPA (*Parti du peuple algérien*) de Messali Hadj veut à tout prix profiter de la faiblesse de la puissance coloniale due à la guerre contre l'Allemagne: presque toutes les troupes françaises sont engagées sur le front en Europe tandis qu'en Afrique du Nord, l'administration est désorganisée. C'est le moment propice pour lancer l'insurrection dès l'armistice entre les Alliés et la France avant le retour de l'armée française, mais aussi pour proclamer l'indépendance et former un gouvernement provisoire qu'il est prévu d'installer à la ferme Maïza, à 20 km au nord-est de Sétif. Ce dernier devra représenter l'Algérie à la conférence de San Francisco où sera débattu le sort des colonies et du droit des peuples à disposer d'eux-mêmes» (Vétillard, 2016:13-14).

Les arguments de Vétillard sont très largement confirmés par Chawki Mostefaï, ancien membre de la direction du PPA depuis 1940, dans un entretien donné au quotidien algérien El Watan le 30 mai 2015 et intitulé *Le 8 mai 1945 a enfanté le 1er novembre 1954*.

Chawki Mostefaï raconte:

> «Il fallait frapper un grand coup [...] C'est ainsi que nous décidâmes, au sein du comité directeur, de défiler le jour des manifestations de la victoire, en arborant le drapeau de l'Étoile nord-africaine (mouvement dissous en 1937) et du PPA (dissous en 1939) en tête des cortèges» (Chawki Mostefaï, 2015).

Chawki Mostefaï ajoute que les AML (*Amis du Manifeste et de la Liberté*), de Ferhat Abbas avaient été invités à se joindre à la manifestation mais que, pour ses dirigeants:

> « La proposition était acceptable sous réserve de non-déploiement du drapeau algérien qui représente une atteinte directe et flagrante à la souveraineté française et entraînerait immanquablement une action répressive immédiate » (Chawki Mostefaï, 2015).

Face au soulèvement programmé, les forces de l'ordre étaient régionalement quasiment inexistantes (Jauffret, 1987). Quant aux hommes européens valides, ils étaient encore sous les drapeaux en Europe, la mobilisation des Français d'Algérie ayant été totale.

## Le 8 mai à Sétif[87]

Le 7 mai, le sous-préfet de Sétif autorisa le défilé algérien à la condition qu'aucun symbole revendicatif ne soit déployé, qu'aucun autre drapeau que le drapeau français ne soit arboré, et que les manifestants ne soient pas armés.

Dès 7 heures du matin, deux cortèges se forment dont l'un, composé de militants du PPA armés se rassemble porte de Biskra. Un militant du PPA ultérieurement identifié en la personne de Belaa Aïssa y assassine un Français, Gaston Gourlier. Le cortège se met ensuite en marche vers le centre-ville.

Face aux manifestants, le service d'ordre dont dispose le sous-préfet est composé de quarante policiers et de vingt gendarmes mobiles en réserve dans leur casernement du quartier dit des Cheminots, à environ 2,5 km du centre-ville. Il était prévu que dix-sept d'entre eux devaient prendre position à 8 h 30, mais, leur véhicule étant tombé en panne, ils n'arrivèrent que vers 9 h 15, c'est-à-dire après les incidents (communication personnelle de Roger Vétillard).

87 • Les lignes qui suivent sont directement inspirées de Vétillard (2008, 2012 et 2016).

Quant à la garnison, composée de trois compagnies du 7è RTA (Régiment de Tirailleurs algériens), elle est mise en alerte dès 7 heures du matin par le colonel Bourdilla[88] commandant la subdivision de Sétif depuis le mois de février 1943. Comme la caserne du 7è RTA était située à quelques centaines de mètres à peine de l'Hôtel de France devant lequel se déroulèrent les premiers incidents, les tirailleurs purent donc intervenir dès que l'ordre leur en fut donné par le sous-préfet.

Les manifestants qui viennent de la mosquée Abou Dher el Ghiffari et ceux qui ont quitté la porte de Biskra se rejoignent à la hauteur du collège et ils arrivent au centre-ville vers 9 heures (Communication personnelle de Roger Vétillard). Quatre policiers se plantent devant le cortège et le commissaire Olivieri exige le retrait du drapeau de l'indépendance. Bousculé et pris à partie, il dégaine son arme de service et tire un coup en l'air pour se dégager. Les policiers viennent à son secours en tirant des rafales. Les manifestants s'enfuient en laissant deux morts devant le Café de France.

Chawki Mostefaï a clairement reconnu que les manifestants n'étaient pas venus avec des intentions pacifiques :

> « Vu l'état d'esprit des populations, rurales notamment, qui étaient majoritaires dans les cas de Sétif et Guelma, et qui étaient, par tradition ancestrale, venues armées de gourdins, couteaux et autres armes à feu [...] les manifestants réagirent dans un réflexe de vengeance et transformèrent le défilé en émeute. » (Chawki Mostefaï, 2015).

88 • Le colonel Bourdilla avait en effet été prévenu le premier de l'assassinat de Gaston Gourlier, au marché aux bestiaux.

# Sétif au-delà des mythes

À Sétif et dans sa région, la « répression française » fut la conséquence du massacre de 109 civils européens.

Funérailles des victimes européennes

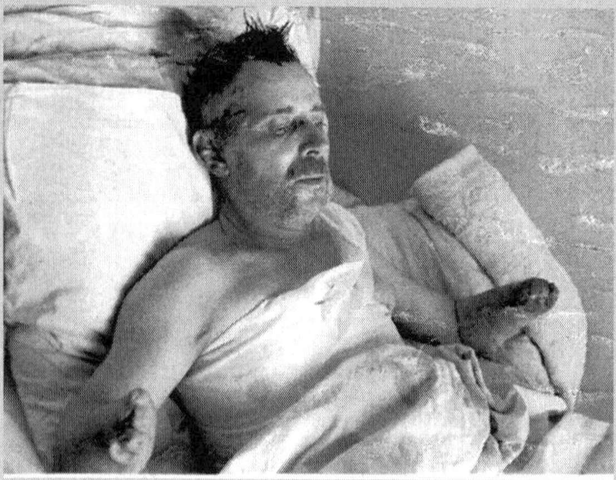

Albert Denier sur son lit d'hôpital. Secrétaire de la section locale du Parti communiste il était acquis aux thèses nationalistes, ce qui n'empêcha pas les émeutiers de lui sectionner les deux bras à l'aide de haches.

Le bureau de poste de Kerrata après le passage des émeutiers.

Guelma, un groupe d'auto-défense armé de fusils de chasse. Les hommes valides étant alors mobilisés sur le front d'Alsace, ce fut essentiellement parmi les vieillards et les adolescents que furent constitués de tels groupes

L'ordre ayant été rétabli, le général Raymond Duval, commandant la Division de Constantine, passe en revue le 7e régiment de Tirailleurs algériens (7e RTA) et salue son drapeau. Grâce à cette unité, le mouvement d'insurrection qui devait embraser toute la région fut contenu.

La chasse aux Européens commence alors et le sous-préfet ordonne à l'armée d'intervenir. À 9h10, la 1ère compagnie du 7e régiment de tirailleurs algériens fait évacuer le centre-ville sans tirer le moindre coup de feu. La 2e compagnie dégage le commissariat assiégé et, vers 11 heures, la 3e compagnie fait évacuer le marché aux bestiaux, toujours sans faire usage de ses armes.

À 11h30 tout est terminé à Sétif où il n'y a pas eu de création de milice européenne d'auto-défense. Un couvre-feu est instauré à 13heures.

Les morts européens étaient au nombre de 23, dont 9 tués par armes à feu et 23 par armes blanches et gourdins hérissés de lames de rasoir. Il y eut également 47 blessés dont cinq mourront de leurs blessures. Les manifestants eurent quant à eux entre 20 et 40 morts. Les registres de l'hôpital civil[89] de Sétif indiquent 33 morts parmi les manifestants musulmans (Vétillard 2016).

**Le 7e Régiment de Tirailleurs algériens (7e RTA)**

Le 8 mai 1945, commandé par le colonel Goutard, le 7e RTA dont la devise était « La victoire ou la mort », était un régiment à 7 compagnies totalisant 3 000 hommes dont 500 officiers et sous-officiers. La troupe était composée à 70 % d'Algériens et à 30 % de métropolitains.

Créé en 1913, six fois cité à l'ordre de l'Armée durant le Premier conflit mondial, le 7e RTA fut caserné à Sétif à partir de 1941. Plusieurs de ses compagnies participèrent à la campagne d'Italie au sein de la 3e DIA (*Division d'infanterie algérienne*) et sur son drapeau figure « Rome 1944 ». Le 7e RTA débarqua ensuite en Provence, puis, en 1947, le régiment partit pour l'Indochine. La 5e compagnie du 7e RTA disparut à Dien Bien Phu sur « Gabrielle ».

89 • Les Européens furent prioritairement dirigés vers l'hôpital militaire.

Durant la guerre d'indépendance algérienne, le 7è RTA était composé de trois bataillons. En 1958 il devint le 7è RT (*Régiment de Tirailleurs*). En 1962, il fut envoyé à Épinal où il fut dissous au mois de juillet 1964, sa tradition étant reprise par le 170è RI.

Le 8 mai 1945, 4 des 7 compagnies du 7è RTA étaient sur le front du Rhin et 3 en repos à Sétif. Ce furent ces trois compagnies qui empêchèrent l'extension du mouvement insurrectionnel.

## Les environs de Sétif (8 – 10 mai)

Dans toute la région, les fermes, les petits villages, les bureaux de poste et les gendarmeries sont attaqués. Au total des dizaines de localités sont aux mains des insurgés. Les principaux évènements se déroulent à Perigotville et à Chevreul (carte p. 152 153).

- Le 8 mai, à Perigotville, les manifestants assassinent 18 Européens, dont plusieurs enfants, sur une population totale de 170 personnes. Une section du 7è RTA arrivée de Sétif rétablit l'ordre dans la journée.

- À Chevreul, à 57 km au nord-est de Sétif, l'émeute éclate le 8 mai en fin d'après-midi. Armés de fusils et de diverses armes à feu, les insurgés prennent le village qui est mis au pillage. La population européenne, soit une trentaine de personnes, dont 12 hommes, se réfugie dans la gendarmerie occupée par deux gendarmes. Le 10 mai, à 10h30 au moment où le bâtiment va être pris, un détachement du 7è RTA rétablit la situation.

## Les massacres de Guelma (8 – 10 mai)

À Guelma où les forces de l'ordre se composent de 32 policiers et gendarmes, la nouvelle des évènements de Sétif parvient le 8 mai vers 13 heures. Le sous-préfet, André Achiary, un ancien policier, décide de maintenir la célébration patriotique de la victoire, mais il interdit en revanche la manifestation indépendantiste prévue dans l'après-midi.

À 15 heures, sous protection de l'armée et de la police, la manifestation officielle se déroule sans incidents.

Vers 17 heures un cortège indépendantiste se forme dans le quartier musulman. Le sous-préfet intervient en personne. Molesté, il se dégage en tirant en l'air cependant qu'un policier musulman abat le porteur du drapeau algérien (Vétillard, 2011). Les heurts font un mort et six blessés chez les manifestants ; cinq policiers sont blessés.

Si à Guelma, l'on ne dénombre pas de victimes européennes, il n'en est pas de même dans un rayon de 30 km autour de la ville où les insurgés sont maîtres du territoire et où ils massacrent 19 Européens.

Comme la loi l'y autorise, le sous-préfet décide de mettre en place une milice d'auto-défense. Le Maire de Guelma, M. Maubert, et le commandant Fossard, remplaçant le commandant de garnison, le lieutenant-colonel Vaucquaire absent, refusent. En revanche, la décision du sous-préfet est appuyée par les anciens combattants, par les résistants de la France combattante, par la CGT et par le consistoire israélite (communication personnelle de Roger Vétillard).

## La reprise en main

Le 9 mai, des renforts militaires commencent à arriver. Ils sont primitivement composés de cinq compagnies appartenant à diverses unités, tirailleurs sénégalais, légion étrangère, tabors marocains et tirailleurs algériens. L'effectif maximal des forces françaises sera de

10 000 hommes sous les ordres du général Duval[90].

Le 13 mai toutes les zones soulevées sont sous le contrôle de l'armée. Officiellement, les événements sont terminés le 5 juin.

## Le bilan humain

C'est une véritable bataille des chiffres qui se livre au sujet des victimes du soulèvement du nord constantinois et de la répression qui s'ensuivit. Répression qui fut la conséquence de l'assassinat de 109 civils européens dont nombre d'enfants. Certaines victimes avaient été horriblement mutilées ; quant aux femmes et aux jeunes filles elles avaient le plus souvent été violées avant d'être massacrées[91].

Selon les documents officiels français, 1340 Algériens perdirent la vie quand l'histoire officielle algérienne parle de 45 000 morts, chiffre qui fut lancé sans vérification par une source diplomatique américaine favorable aux indépendantistes (Vétillard, 2008).

Comme l'a justement fait remarquer Roger Vétillard, ce dernier chiffre est fantaisiste. Dans la région de Sétif et Guelma, vaste comme deux départements français, vivaient alors un million de musulmans, la plupart en habitat dispersé. L'on imagine donc mal comment 10 000 hommes de troupe auraient pu, entre le 8 mai et le 5 juin exécuter 45 000 personnes. Et qu'auraient-ils fait des corps ? Si des charniers avaient existé, nul doute qu'après 1962, les autorités algériennes se seraient en effet empressées de les montrer.

90 • Le général Raymond Duval (1894-1955) fut nommé commandant de la division de Constantine le 8 mars 1945. A ce titre, sur instruction du général De Gaulle et du gouverneur général de l'Algérie Yves Chataigneau, il fut chargé de réprimer l'insurrection du nord constantinois.

91 • Il importe de remarquer que les représailles françaises ne se firent que là où des meurtres d'Européens avaient été commis.

La répression française fut certes brutale, mais elle n'eut pas l'ampleur que lui donnent les milieux officiels algériens dont les chiffres sont désormais repris sans la moindre réserve par les médias français. Les historiens s'accordent aujourd'hui sur un chiffre compris entre 4 000 et 10 000 morts, ce qui est encore une estimation « haute » (SHD[92], 1990 ; Vétillard, 2008)[93].

Dans l'inflation des chiffres, celui des arrestations est également largement fantaisiste puisque l'histoire officielle algérienne parle de dizaines de milliers d'arrestations alors que la Justice militaire française a jugé 3 511 personnes. Sur ce total, il y eut 952 non-lieux et 460 acquittements. Les tribunaux prononcèrent 151 condamnations à mort dont 10 par contumace. Les exécutions se montèrent à 28, 111 condamnations ayant été commuées. L'amnistie de 1946 libéra plus de 2 000 prisonniers (Vétillard, 2016).

Lors des événements du nord constantinois, l'unanimité se fit en métropole pour dénoncer le soulèvement. Quant au PCF (*Parti communiste français*), il eut une position dénuée de la moindre ambiguïté puisqu'il qualifia les Algériens impliqués dans les événements de Sétif et de Guelma de « provocateurs à gages hitlériens » et réclama que « les meneurs soient passés par les armes » (Harbi, 2006 : 61).

Tirant argument des « massacres de Sétif », Olivier Le Cour Grandmaison (2005), publia un livre dans lequel il soutient

92 • Service Historique de la Défense (Vincennes).

93 • Dans son livre paru en 2016 intitulé *Sétif, la fosse commune : Massacres du 8 mai 1945*, Kamel Beniaïche ne conteste pas le déroulé des événements. Son ouvrage est constitué de témoignages des villageois de la région qui racontent comment ils ont subi la réaction-répression qui suivit les massacres des Européens.

que la colonisation de l'Afrique en général – et celle de l'Algérie en particulier –, fut une entreprise d'extermination annonçant la *Shoa*. Cette thèse outrancièrement radicale fut sévèrement dénoncée par Gilbert Meynier et Pierre Vidal-Naquet (2005) qui écrivirent à son propos :

> « Assimiler peu ou prou le système colonial à une anticipation du 3ᵉ Reich, voire à un « précédent inquiétant » d'Auschwitz, est une entreprise idéologique frauduleuse, guère moins frelatée que l'identification, le 6 mai 2005 à Sétif, par le ministre des Anciens moudjahidines, porte-voix officiel du président Bouteflika, de la répression coloniale aux fours crématoires d'Auschwitz et au nazisme [...] Ou alors, si les massacres coloniaux annoncent le nazisme, on ne voit pas pourquoi la répression sanglante de la révolte de Spartacus, ou encore la Saint-Barthélemy, ne l'auraient pas tout autant annoncé... En histoire, il est dangereux de tout mélanger. [...].Le texte l'Oliver Le Cour Grandmaison, comporte nombre de schématisations idéologiques, de jugements tranchés, voire d'outrances inadmissibles pour un historien [...] A le lire, on ne peut s'empêcher de poser la question : un sottisier peut-il tenir lieu d'œuvre de réflexion et de synthèse historique ? [...] L'air du temps de la dénonciation médiatique ne suffit pas à arrimer à la science des convictions et à faire d'Olivier Le Cour Grandmaison un historien plausible. Le contexte social, économique et politique actuel est encore fécond qui continuera à générer de telles tonitruances idéologiques à vocation surtout médiatique. » (Meynier et Vidal-Naquet, 2005 : 167-168, 176).

# Chapitre VII

# 1954-1962 : la « révolution unie », un mythe ?

« Loin d'être un bloc, la révolution fut vécue différemment selon les groupes humains et les individus. Elle fut variée selon les régions qui réagirent selon leurs structures et leur singularité. On a souvent occulté ce fait attentatoire au jacobinisme national par crainte de la vulnérabilité du pays » (Mohamed Harbi, *Le Matin*, 11 juin 2010).

Le mythe de l'union du peuple soulevé contre la France

L'histoire de la guerre d'indépendance racontée par le régime algérien et par les manuels officiels est celle d'un peuple unanimement dressé contre le colonisateur français. Une filiation nationaliste est même établie, partant d'Abd el-Kader, passant par Mokrani, pour aboutir aux combattants de la guerre d'indépendance.

Cette vision linéaire de l'histoire du nationalisme algérien ne correspond pas à la réalité car :

1 - Abd el-Kader n'a, tout au plus, agi que sur une partie de l'Oranie où il ne fit d'ailleurs pas l'unanimité parmi les tribus, plusieurs d'entre elles, et nous l'avons vu plus haut, l'ayant en effet combattu aux côtés des troupes françaises. De plus, il ne parvint pas à rallier les Kabyles à son combat.

2 - Nous avons vu au chapitre V que la guerre de Mokrani n'était pas un combat « pré-national ».

3 - Les fractures entre les courants de la révolution algérienne éclatèrent au grand jour durant les années qui précédèrent la guerre d'indépendance et durant les années du conflit contre la France. Quatre grandes oppositions s'affirmèrent alors :
- Berbères contre Arabes,
- FLN contre MNA,
- GPRA contre armée des frontières,
- partisans de la France contre nationalistes.

4 - Sur le terrain, ceux qui combattirent dans les rangs ou aux côtés de l'armée française furent au moins aussi nombreux que les *djounoud* (les combattants indépendantistes).

En Algérie, derrière l'unanimisme de façade et les fastueuses célébrations du centenaire de la présence française, ce fut durant la période de l'entre-deux-guerres que la revendication nationaliste s'affirma. Le nationalisme [94] y prit forme avec l'émergence de nouvelles élites urbanisées. Produites par l'école de la République, ces dernières furent confrontées à une grande contradiction entre les principes autant généreux qu'utopiques

94 • Pour tout ce qui concerne le nationalisme algérien, on se reportera, entre autres, à Mahfoud Kadache (1980), à André Nouschi (1985), à Zakia Daoud et à Benjamin Stora (1995).

de l'assimilationnisme républicain, et une réalité sociale inégalitaire.

Dans les années 1954-1962, aucun leader charismatique n'émergeant, à l'exception toutefois de Messali Hadj que le FLN marginalisa et combattit, ce fut le parti FLN qui incarna le nationalisme à travers de violentes luttes de clans. Ce fut un nationalisme arabo-musulman qui naquit officiellement au mois de juin 1926, quand l'*Etoile Nord-africaine* fut fondée à Paris et dont Ahmed Messali Hadj fut élu secrétaire général. Ce mouvement réclamait l'indépendance. Cependant, si Messali Hadj, originaire de Tlemcen et partisan de la ligne arabo-musulmane, en fut le dirigeant, ce furent des Kabyles qui impulsèrent le mouvement autour d'Ali Abd el-Kader, d'Imache Amar, de Si Djilani Mohand ou encore de Radjef Belkacem.

En 1927 fut créée la *Fédération des élus indigènes d'Algérie* qui constitua un autre élément de contestation, au demeurant modéré, de la politique française.

En 1937, l'*Étoile Nord-africaine* fut dissoute par le Front populaire. Le PPA (*Parti populaire algérien)* créé, lui aussi, par Messali Hadj lui succéda. Pour le PPA, l'assimilation était « une utopie chimérique, (car) nous ne serons jamais Français, ni par la race, ni par la langue, ni par la religion ».

Au moment de la conquête, le général de Lamoricière avait déjà déclaré à ce sujet :

> « Jamais on n'obtiendra que les Arabes fassent le vendredi leur prière pour le roi Louis-Philippe. À Oran, ils le font pour le roi du Maroc ; à Constantine, pour le sultan de Constantinople ; à Alger, afin de ne pas se compromettre, pour celui qui marche dans la bonne voie. Leur en demander davantage, ce serait

comme si on demandait aux catholiques d'Irlande de reconnaître la reine d'Angleterre pour leur souveraine spirituelle » (Général de Lamoricière cité par Guiral, 1992 : 116).

À la veille du second conflit mondial, la petite fraction politisée de la population algérienne musulmane se retrouvait dans quatre grands courants :

1 - Les intégrationnistes revendiquaient l'égalité des droits dans le cadre de la souveraineté française et ils demandaient l'association à la France.

Leur leader, Ferhat Abbas (1899-1985)[95], dont le parti était l'UDMA (*Union démocratique du Manifeste algérien*) écrivit ainsi en 1936 :

> « Si j'avais découvert la nation algérienne, je serais nationaliste. [...] je ne mourrai pas pour la patrie algérienne parce que cette patrie n'existe pas. Je ne l'ai pas découverte. J'ai interrogé l'histoire, j'ai interrogé les morts et les vivants ; j'ai visité les cimetières : personne ne m'en a parlé.... Nous avons donc écarté une fois pour toutes les nuées et les chimères pour lier définitivement notre avenir à celui de l'œuvre française dans ce pays [...] ».

Ferhat Abbas était partisan du républicanisme et, pour lui, la religion relevait du domaine privé[96].

2 - Les religieux étaient regroupés dans l'Association des Oulémas musulmans algériens, mouvement créé en 1931 à Constantine par Abdelhamid Ben Bâdis, un descendant de la dynastie ziride qui prôna constamment des idées politiques

95 • Pour tout ce qui concerne Ferhat Abbas, voir Benjamin Stora (1995).
96 • L'UDMA évolua ensuite vers la revendication d'une indépendance progressive mais sans rupture avec la France.

réformistes adossées à un retour à la lettre du Coran[97]. Sa vocation était de lutter contre la « désislamisation rampante entretenue par la colonisation et accentuée par la prédominance d'un islam populaire syncrétique » (Raberth Achi, 2007 : 12).

3 - Le PCA (Parti communiste algérien) fondé en 1936 par des Européens ne demandait pas l'indépendance.

4 - Les nationalistes suivaient Messali Hadj et ils étaient alors quasi exclusivement regroupés dans le PPA (Parti du peuple Algérien)98 (Simon 2005).

Au mois de mars 1944 la rédaction d'un manifeste demandant un nouveau statut pour l'Algérie donna naissance aux *Amis du Manifeste et de la Liberté* (AML) qui, au départ ne prôna pas la rupture avec la France, mais qui se radicalisa par la suite.

**Messali Hadj**

Né en 1898 à Tlemcen et mort à Paris en 1974, Messali Hadj (Stora, 2004), fut longtemps le chef incontesté du nationalisme algérien, courant qui naquit moins en Algérie qu'en France, et essentiellement au sein de l'émigration kabyle.

Messali Hadj adhéra au PCF en 1925, mais, dès 1927, il rompit avec les communistes. En 1928, il fonda l'ENA (*Etoile nord africaine)*[99] et en 1936, ce fut avec enthousiasme qu'il accueillit

97 • Raberh Achi « L'islam authentique appartient à Dieu, l'islam algérien à César. La mobilisation des Oulémas d'Algérie pour la séparation du culte musulman et de l'État (1931-1956) ». Genèses, décembre 2007, pp 49-69.

98 • Dans le schéma reconstruit par les autorités algériennes après l'indépendance, Messali Hadj est totalement oublié, et pour cause, le père du nationalisme ayant été marginalisé par le FLN et ses militants exterminés.

99 • Ce mouvement avait une vocation maghrébine, même si l'écrasante majorité de ses membres étaient des Algériens. Paris fut alors le creuset dans lequel s'élaborèrent les stratégies nationalistes nord africaines.

Ahmed Ben Messali Hadj (1898-1974)

la victoire du Front populaire ; il fut cependant vite déçu car l'ENA fut dissoute au début de l'année 1937. Il la reconstitua au mois de mars 1937 sous le nom de PPA, l'organisant en cellules clandestines à l'image du Parti communiste. Au mois de juillet 1937, Messali Hadj s'installa à Alger. En 1939, le PPA fut à son tour interdit et ses cadres entrèrent en clandestinité.

Au lendemain du second conflit mondial, le nationalisme fut incarné par les Messalistes du PPA. Le 25 avril 1945, Messali Hadj fut arrêté et exilé à Brazzaville. En 1946 le PPA se reconstitua en parti politique qui prit pour nom *Mouvement pour le triomphe des libertés démocratiques* (MTLD) et il se dota d'une antenne clandestine, l'*Organisation spéciale* (OS) à laquelle adhéra un jeune militant nommé Ahmed Ben Bella[100]. Hocine Aït Ahmed, un Kabyle, en fut le premier chef.

En 1956, dépassé par le radicalisme du FLN, Messali Hadj créa le MNA (*Mouvement national algérien*). Les militants des deux organisations se livrèrent ensuite une lutte sans merci, tant en Algérie que sur le territoire métropolitain, à l'issue de laquelle les réseaux du MNA furent au sens propre liquidés par le FLN. L'exemple le plus tragique est celui du massacre de Mélouzza en 1957 où 380 membres ou sympathisants du MNA et leurs familles furent égorgés.

100 • Né à Marnia en 1916, sous-officier dans un régiment de tirailleurs, sa conduite durant la guerre de 1939-1945 lui valut la croix de guerre, la médaille militaire et quatre citations.

## L'opposition Arabes-Berbères et la question « berbériste »

Dès le lendemain du second conflit mondial, la question berbère divisa le courant nationaliste algérien. En 1947, lors du premier congrès du PPA/MTLD, quatre Kabyles entrèrent au Comité central du parti, dont Hocine Aït-Ahmed. À partir de ce moment, les Kabyles tentèrent d'introduire la revendication berbère dans la lutte pour l'indépendance. En vain, car en 1948, le MTLD, dans son appel à l'ONU, inscrivit la phrase suivante : « La nation algérienne, arabe et musulmane existe depuis le VIIè siècle », ce qui provoqua la fureur de sa composante kabyle.

Puis, en 1949, au sein de la section de métropole du PPA-MLTD, éclata la «crise berbériste» qui opposa les Kabyles voulant faire reconnaître la « berbérité» comme partie intégrante du nationalisme algérien, à la direction arabo-islamique du mouvement (Amar Ouerdane 1987 et 2003). Ce fut à l'occasion de cette crise que fut posée la question de l'identité algérienne. Cette dernière était-elle exclusivement arabo-islamique ou berbère et arabo-islamique ?

Pour la direction du mouvement et pour Messali Hadj, arabisme et islamisme étaient les éléments constitutifs sans lesquels l'Algérie algérienne ne pourrait pas faire « coaguler » ses populations. Tout était donc clair : l'Algérie était une composante de la nation arabe, sa religion était l'islam[101] et le berbérisme un moyen pour le colonisateur de diviser les Algériens.

101 • Dans les années 1930, l'opposition Berbères-Arabes s'était faite à travers deux définitions, celle des «nationalistes-révolutionnaires » berbères et celle des « nationalistes arabo-musulmans» (Chaker,1987 : 16).

Les berbéristes étaient quant à eux divisés en deux grands courants :

- Le premier donnait la priorité à la lutte pour l'indépendance, considérant que la question berbère serait posée ultérieurement, dans le cadre d'une Algérie algérienne.

- Le second voulait qu'avant de déclencher l'insurrection, il y ait accord sur les définitions futures.

Les membres du second courant furent écartés de la direction du PPA/MTLD ; ce fut alors que le Kabyle Hocine Aït-Ahmed perdit la direction de l'OS (*Organisation Spéciale)* au profit de l'« Arabe » Ben Bella.

Tout partit d'un vote quand, en 1949, le Comité directeur de la Fédération de France du PPA/MTLD, largement dominé par les berbéristes, vota à une écrasante majorité une motion rejetant le postulat d'une Algérie arabe. Après ce vote, les deux camps en vinrent aux mains. En 1950-1951, la police ayant démantelé l'OS et arrêté plusieurs militants kabyles, certains accusèrent le PPA, notamment ceux qu'ils désignaient sous le nom de « centralistes », à savoir les membres du comité central du PPA/MTLD, « arabistes », de les avoir trahis, ce qui amplifia encore les oppositions. Mis en accusation pour régionalisme et anti-nationalisme, les cadres kabyles furent ensuite écartés de la direction du parti puis exclus, cependant que certains étaient assassinés, comme Ali Rabia en 1952.

Cette guerre interne au courant nationaliste laissa des traces et l'opposition entre berbéristes et arabo-islamistes se prolongea durant toute la guerre d'indépendance algérienne qui, sur le terrain, fut essentiellement menée par des Berbères dont les chefs étaient Abane Ramdane, Amirouche Aït-Hamouda, Krim Belkacem ou encore Hocine Aït-Hamed. Les Berbères revendiquaient même l'antériorité dans le combat nationaliste car ils :

> « [...] avaient opté pour l'indépendance à une époque où le courant arabo-musulman était encore loin d'avoir, dans toutes ses composantes, remis en cause la souveraineté de la France ! » (Chaker, 1987 : 23).

Nous avons vu qu'après la « crise berbère », l'« Arabe » Ben Bella succéda au Kabyle Hocine Aït-Hamed. Arrêté, il s'évada en 1952 et trouva refuge au Caire où il fut bientôt rejoint par le même Hocine Aït-Ahmed et par Mohamed Khider avec lesquels il fonda la « *Délégation extérieure* » du MTLD.

Le mouvement éclata ensuite en factions. Au mois de mars 1954, fut ainsi créé le *Comité révolutionnaire pour l'Unité et l'Action (CRUA)*, puis, au mois d'octobre 1954, le CRUA se transforma en FLN (*Front de libération nationale*)[102], lequel déclencha neuf jours plus tard l'insurrection du 1er novembre (Harbi, 1999). Une partie des militants du MTLD le rejoignit ensuite.

Paradoxalement, ces actions achevèrent la décomposition du PPA-MTLD. Comme la police ignorait l'existence du FLN, elle pensa en effet que leurs auteurs étaient des membres du PPA-MTLD ; c'est pourquoi elle arrêta tous les messalistes fichés, libérant ainsi l'espace politique au profit du FLN. À partir de ce moment, ce dernier voulut avoir l'exclusivité du combat nationaliste. Ceci fit que :

102 • Ce fut le « Groupe des six » qui était composé de Rabah Bitat, Krim Belkacem, Larbi Ben M'Hidi, Mohamed Boudiaf, Didouche Mourad et de Mostafa Ben Boulaïd.

> « [...] l'un des soucis lancinants des responsables arabes pendant la guerre d'Algérie aura été de marginaliser les chefs politiques kabyles : à leurs yeux ; ils sont à peu près tous suspects de berbérisme et leur loyalisme arabe n'est pas assuré. La liquidation physique d'Abane Ramdane, puis le lent processus d'encerclement et de marginalisation de Krim Belkacem, peut-être même la mort d'Amirouche, s'inscrivent dans ce contexte de rivalité Arabes/Kabyles. Par-delà leurs divergences et les conflits d'ambitions personnelles, les principaux chefs arabes (Ben Bella, Boussouf, Bentobbal, Boumediene, Bouteflika...) se sont tous retrouvés sur la nécessité de briser l'hégémonie kabyle sur le FLN-ALN » (Chaker, 1987 :18).

Trente ans après les événements, l'ancien président Ahmed ben Bella considèrait encore le *congrès de la Soummam* (1956) et l'action d'Abane Ramdane – en particulier son laïcisme – comme « entachés de berbérisme et tournant le dos à l'Islam. Il explicite ainsi l'un des motifs qui ont amené ses pairs et ennemis politiques au sein du FLN à organiser sa liquidation physique » (Chaker, 1987 :18).

**Le congrès de la Soummam**

Le *congrès de la Soummam* qui fut réuni à l'initiative du Kabyle Ramdane Abane à partir du 20 août 1956, rassembla les responsables de quatre des cinq wilaya de l'intérieur[103] dans le but d'établir une coordination.

Quatre grandes décisions y furent prises :

1 ~ « primauté du politique sur le militaire » ;

103 • Celle de l'Aurès Nemencha ne fut pas représentée car elle se débattait dans des querelles internes après la mort de Mostefa Ben Boulaid. Les représentants du FLN extérieur ne participèrent pas à la réunion.

2 ~ « primauté de l'intérieur sur l'extérieur » ;

3 ~ refus de tout projet théocratique islamiste ;

4 ~ refus d'alignement sur tel ou tel pays étranger car le mouvement « n'est inféodé ni au Caire, ni à Londres, ni à Moscou, ni à Washington ».

La tenue de ce congrès déclencha une guerre fratricide au sein du FLN car les « extérieurs » y virent une tentative de prise du pouvoir par les Kabyles. Le congrès fut contesté par certains cadres des wilaya I et V ainsi que par la majorité des membres de la Délégation extérieure, sauf Hocine Aït-Ahmed. Le plus virulent fut Ahmed Ben Bella qui était alors au Caire et qui fit cinq grands reproches :

1 ~ Ce congrès n'était pas représentatif en raison de l'absence de délégués de l'Oranie, des Aurès-Nemocha et de la Délégation extérieure ;

2 ~ Totale opposition à la décision du congrès d'affirmer la primauté du politique sur le militaire et de l'intérieur sur l'extérieur ;

3 ~ Mise en accusation d'Abane Ramdane et de son équipe accusés de n'avoir aucune légitimité puisqu'ils n'avaient pas déclenché la guerre contre la France au mois de novembre 1954 ;

4 ~ Refus du laïcisme affiché par les congressistes, et tout au contraire, affirmation du caractère islamique des institutions de l'Algérie indépendante ;

5 ~ Volonté d'alignement sur le modèle égyptien.

Un an plus tard, au mois d'août 1957, le *congrès de la Soummam* fut totalement remis en question à l'occasion d'une réunion du CNRA où furent abandonnées la primauté du politique et la primauté de l'intérieur. Puis, au mois de décembre 1957, Abane Ramdane fut assassiné au Maroc[104].

104 • Il fut étranglé, soit personnellement par Abdelhafid Boussouf chef de la wilaya V, soit par ses hommes de main (Rochebrune et Stora, 2016).

## L'armée des frontières prend le pouvoir

Durant l'été 1962, dans l'Algérie juste indépendante, les contradictions contenues durant les sept années de guerre contre la France éclatèrent au grand jour entre le GPRA (*Gouvernement provisoire de la République algérienne*) et l'ALN (*Armée de libération nationale*) commandée depuis 1960 par le colonel Houari Boumediene. Intacte car réfugiée en Tunisie et au Maroc, l'armée des frontières (Paya, 2011), n'avait quasiment pas combattu les forces françaises. Le président du GPRA, Benyoucef Benkhedda ne craignait pas de dire à ce sujet que : « Certains officiers qui ont vécu à l'extérieur n'ont pas connu la guerre révolutionnaire comme leurs frères du maquis [...] » (1997).

L'ALN imposa Ahmed Ben Bella contre la volonté du GPRA et des combattants de l'intérieur. Houari Boumediene s'attribua le ministère de la Défense et le FLN (*Front de libération nationale*) devint parti unique.

En 1958, après la création du GPRA (*Gouvernement provisoire de la République algérienne*) à Tunis, les conflits s'étaient exacerbés entre trois forces :

1 ~ Entre le « noyau dur » de cet organisme, composé de Krim Belkacem, d'Abdelhafid Boussouf et de Lakhdar Bentobbal d'une part, et les cinq prisonniers détenus en France depuis le détournement de leur avion le 22 octobre 1956, à savoir Ahmed Ben Bella, Hocine Aït-Hamed, Mohamed Boudiaf, Mostefa Lacheraf et Mohamed Khider d'autre part ;

2 ~ Entre le GPRA et l'armée des frontières, l'ALN (*Armée de libération nationale)*, cantonnée au Maroc et en Tunisie ;

3 ~ Entre l'armée des frontières et les survivants des maquis de l'intérieur. L'armée des frontières reconnaissait l'EMG (Etat-major général), dirigé par le colonel Boumediene quand les survivants des maquis de l'intérieur obéissaient au GPRA.

La prise de pouvoir des partisans de l'armée des frontières, réunis dans le « groupe d'Oujda » se fit en sept étapes :

1 - Ahmed Ben Bella et Houari Boumediene débutèrent leur coup de force au mois de mai 1962 quand le GPRA fut sommé de convoquer le CNRA (Conseil national de la révolution algérienne) en congrès (Meynier, 2003 et Haroun, 2005). Leur but était de doubler le GPRA par la constitution d'un bureau politique qu'ils contrôleraient.

2 - Le 28 mai, dès le début de la réunion, l'atmosphère fut extrêmement tendue entre Benyoucef Benkheda, le nouveau président du GPRA[105], et son vice-président, Ben Bella qui s'invectivèrent. La direction collégiale explosa alors et au lieu de débattre des « accords d'Évian », ce fut du pouvoir que l'on parla. Autour de Ben Bella, un groupe de pression réussit à faire adopter le modèle socialiste et le parti unique.

À l'issue du vote destiné à élire les membres du bureau politique devant gérer le début de l'indépendance, Krim Belkacem, Abdelhafid Boussouf et Lakdar Bentobal, tous trois ministres du GPRA, furent mis en minorité, certains délégués les accusant d'avoir été mêlés à l'assassinat d'Abbane Ramdane en 1957 (voir plus haut).

Désavoué, Benyoucef Benkheda quitta la réunion cependant que Krim Belkacem, pourtant mis en minorité, devenait

105 • Le 27 août 1961, Ferhat Abbas avait été écarté de la présidence du GPRA au profit de Benyoucef Benkhedda.

le principal interlocuteur de la France lors des ultimes pourparlers de paix, Paris ne reconnaissant que le GPRA.

Quant à Ben Bella, il se rendit au Caire et, de là, au Maroc, où il rejoignit le colonel Boumediène, Ahmed Boumenjel106 et le colonel Chaâbani qui considéraient que le GPRA n'avait pas de légitimité à gouverner l'Algérie indépendante.

3 - Les combattants des maquis tentèrent alors une médiation. Les 24 et 25 juin, les wilaya II, III, IV, la Zone autonome d'Alger et les représentants de la fédération de France du FLN se réunirent à Bordj Zemmoura, en Kabylie. Ils y annoncèrent la création d'un « comité interwilaya », puis ils condamnèrent la « rébellion » de l'EMG (armée des frontières) et demandèrent au GPRA d'en faire autant.

4 - Le 30 juin, le GPRA se réunit et il destitua l'EMG. En réaction, le 2 juillet, Ben Bella et Boumediene demandèrent aux chefs des wilaya de se mettre sous les ordres de l'EMG et ils ordonnèrent à l'armée des frontières de se tenir prête à faire mouvement vers l'Algérie.

5 - Le 11 juillet, les chefs de la wilaya IV empêchèrent Benyoucef Benkheda, le président du GPRA, de tenir une réunion à Blida, cependant que Ben Bella s'installait à Tlemcen. Il y fut rejoint le 16 par le colonel Boumediene et par Ferhat Abbas. Ce dernier qui était pourtant partisan de l'instauration d'un pouvoir civil, se rallia au « clan de Tlemcen » contre le GPRA de Benyoucef Benkhedda[107].

106 • Avocat défenseur de Messali Hadj, conseiller de l'Union française, il avait rejoint le FLN.

107 • S'agissait-il pour lui de régler un compte avec ceux qui l'avaient évincé quelques mois plus tôt, le 27 août 1961 ? Espérait-il, en se ralliant aux plus forts, devenir le premier président de la République algérienne ? Dans son livre *L'indépendance confisquée* publié en 1984, il a justifié son choix en expliquant qu'il avait voulu éviter la « congolisation » car, selon lui, les ordres donnés par le GPRA aux combattants de ne plus obéir à leurs chefs risquaient de précipiter l'Algérie dans la guerre civile.

# L'AFRIQUE DU NORD PHYSIQUE

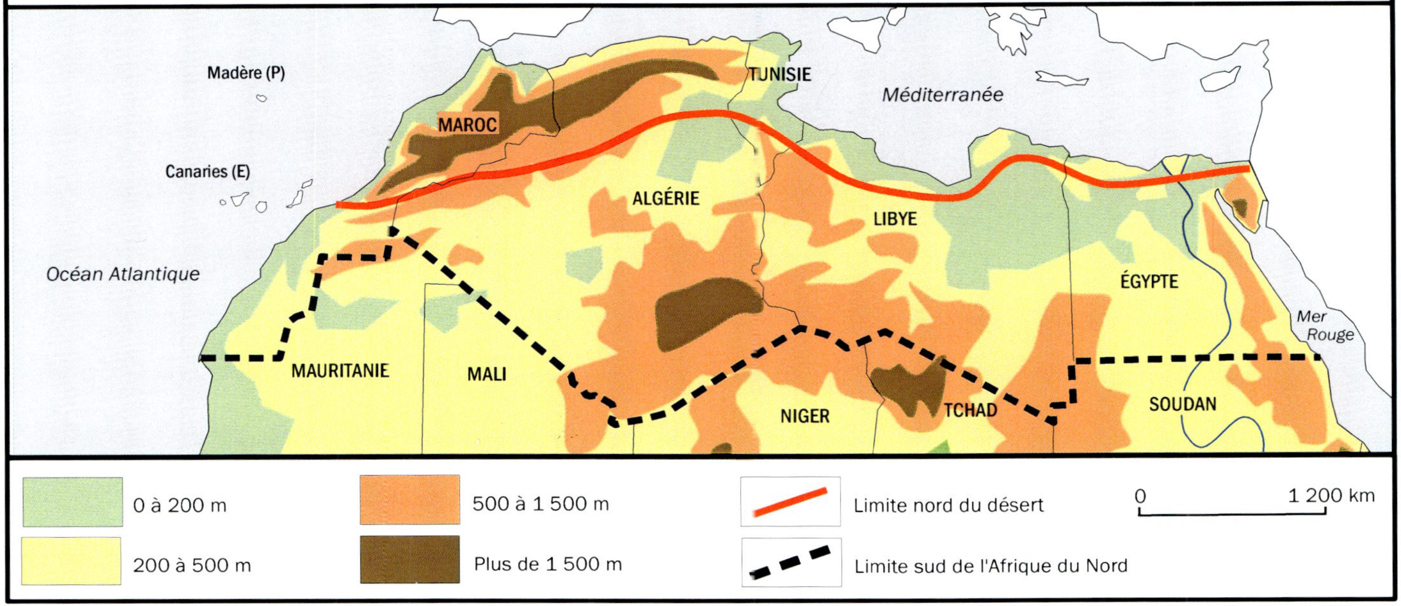

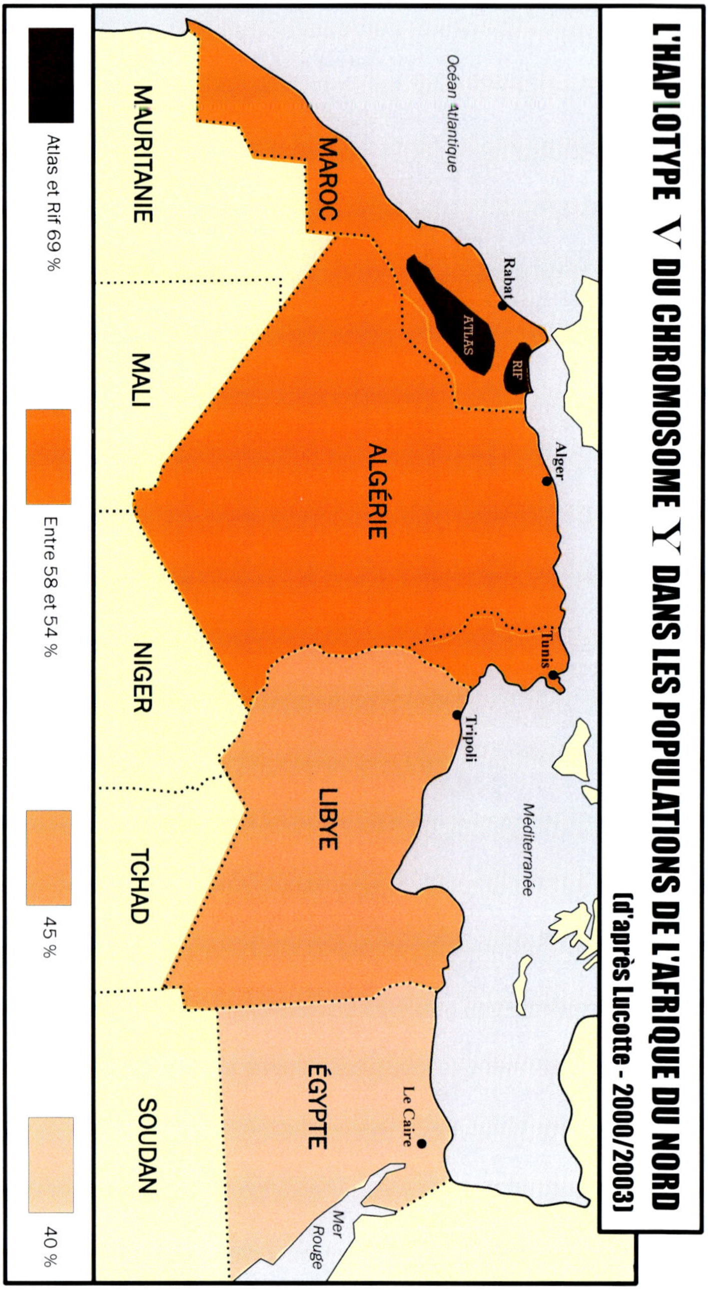
L'HAPLOTYPE V DU CHROMOSOME Y DANS LES POPULATIONS DE L'AFRIQUE DU NORD
(d'après Lucotte - 2000/2003)
Océan Atlantique
Méditerranée
Mer Rouge
Rabat
ATLAS
RIF
Alger
Tunis
Tripoli
Le Caire
MAROC
ALGÉRIE
LIBYE
ÉGYPTE
MAURITANIE
MALI
NIGER
TCHAD
SOUDAN
Atlas et Rif 69 %
Entre 58 et 54 %
45 %
40 %

# La revendication berbériste

L'affirmation de l'identité berbère et de son antériorité.

La Berbérité historique.

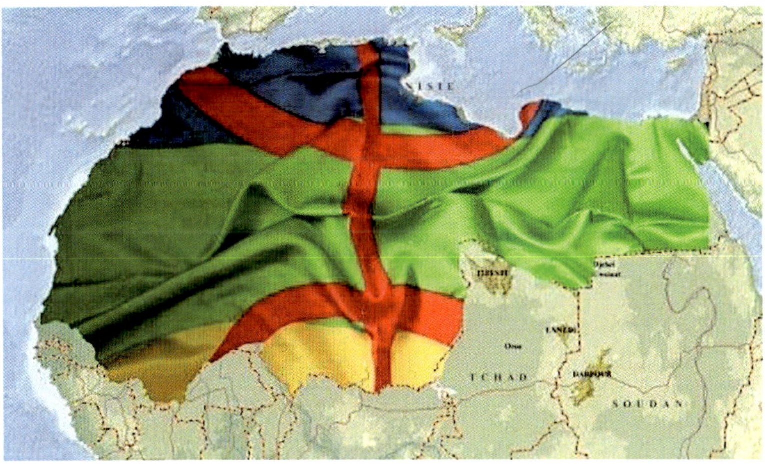

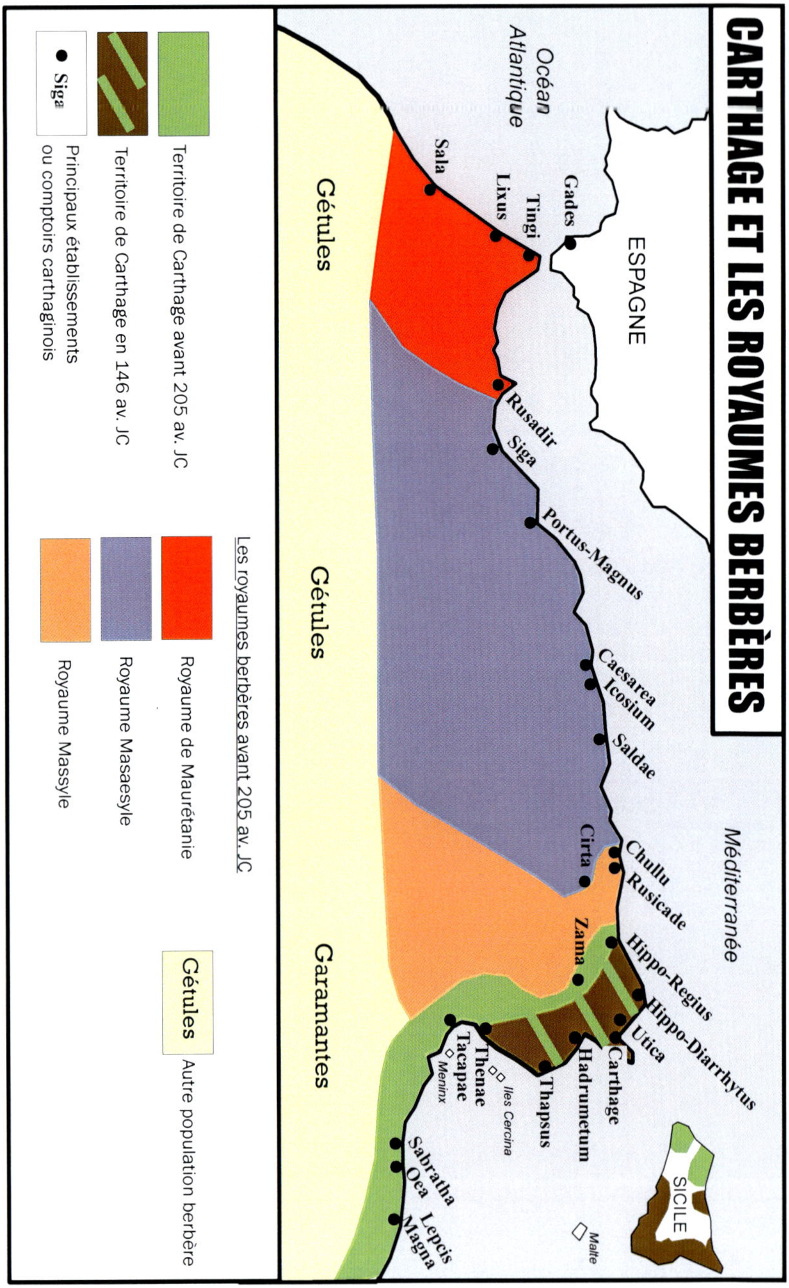
CARTHAGE ET LES ROYAUMES BERBÈRES
ESPAGNE
Océan Atlantique
Méditerranée
Gades
Tingi
Lixus
Sala
Rusadir
Siga
Portus-Magnus
Caesarea
Icosium
Saldae
Cirta
Chullu
Rusicade
Hippo-Regius
Zama
Hippo-Diarrhytus
Utica
Carthage
Hadrumetum
Thapsus
Iles Cercina
Thenae
Tacapae
Meninx
Sabratha
Oea
Lepcis Magna
SICILE
Malte
Gétules
Gétules
Garamantes
Territoire de Carthage avant 205 av. JC
Territoire de Carthage en 146 av. JC
Siga
Principaux établissements ou comptoirs carthaginois
Les royaumes berbères avant 205 av. JC
Royaume de Maurétanie
Royaume Masaesyle
Royaume Massyle
Gétules
Autre population berbère

Mausolée royal de Maurétanie près de Cherchell, l'ancienne Césarée, capitale de la Maurétanie. Connu sous le nom de « Tombeau de la Chrétienne » (Kbour er-Roumia), il s'agit d'un tumulus de pierre dominant la plaine de la Mitidja qui fut probablement construit sous le règne du roi berbère Juba II de Maurétanie qui régna de 25 av.J.-C à 23 ap.J.-C.

# LA BERBÉRIE ROMAINE (1)

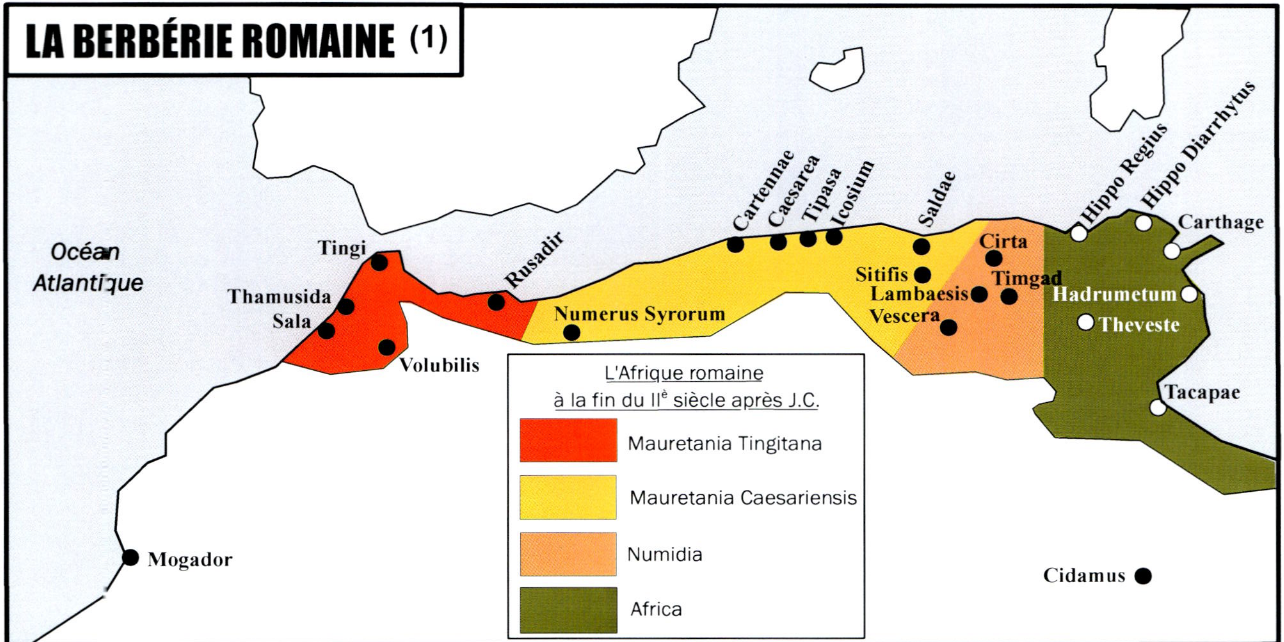


Correspondance des noms de villes :

| | | | | | |
|---|---|---|---|---|---|
| Caesarea : | Cherchell | Hippo Diarrhytus : | Bizerte | Saldae : | Bougie |
| Cartennae : | Ténès | Hippo Regius : | Bône | Sitifis : | Sétif |
| Cidamus : | Ghadamès | Icosium : | Alger | Tacapae : | Gabès |
| Cirta : | Constantine | Numerus Syrorum : | Marnia | Theveste : | Tébessa |
| Hadrumetum : | Sousse | Rusadir : | Melilla | Vescera : | Biskra |

# LA BERBÉRIE ROMAINE (2)

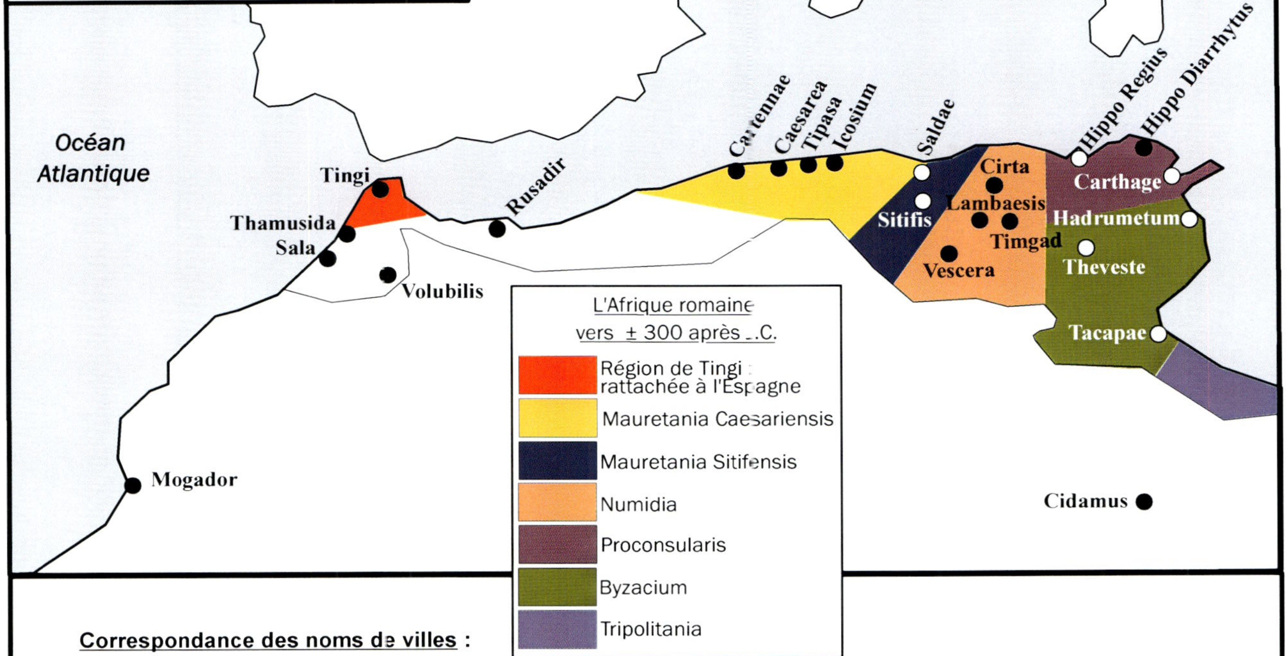


**Correspondance des noms de villes :**

| | |
|---|---|
| Caesarea : | Cherchell |
| Cartennae : | Ténès |
| Cidamus : | Ghadamès |
| Cirta : | Constantine |
| Hadrumetum : | Sousse |

| | |
|---|---|
| Hippo Diarrhytus : | Bizerte |
| Hippo Regius : | Bône |
| Icosium : | Alger |
| Rusadir : | Melilla |
| Saldae : | Bougie |

| | |
|---|---|
| Sitifis : | Sétif |
| Tacapae : | Gabès |
| Theveste : | Tébessa |
| Vescera : | Biskra |

Le théâtre romain de Timgad.

Représentation contemporaine de Tacfarinas, chef berbère numide de la tribu des Gétules originaire de la région de Souk Ahras (Thagaste). Ancien soldat romain, il se souleva contre Rome durant le règne de l'empereur Tibère au 1e siècle de l'ère chrétienne. Sa lutte qui dura sept ans prit fin en 24 ap. J.-C avec sa défaite.

# TRIBUS ET CHEFS BERBÈRES DE BYZACÈNE ( $III^{e}$- $VI^{e}$ SIÈCLES )

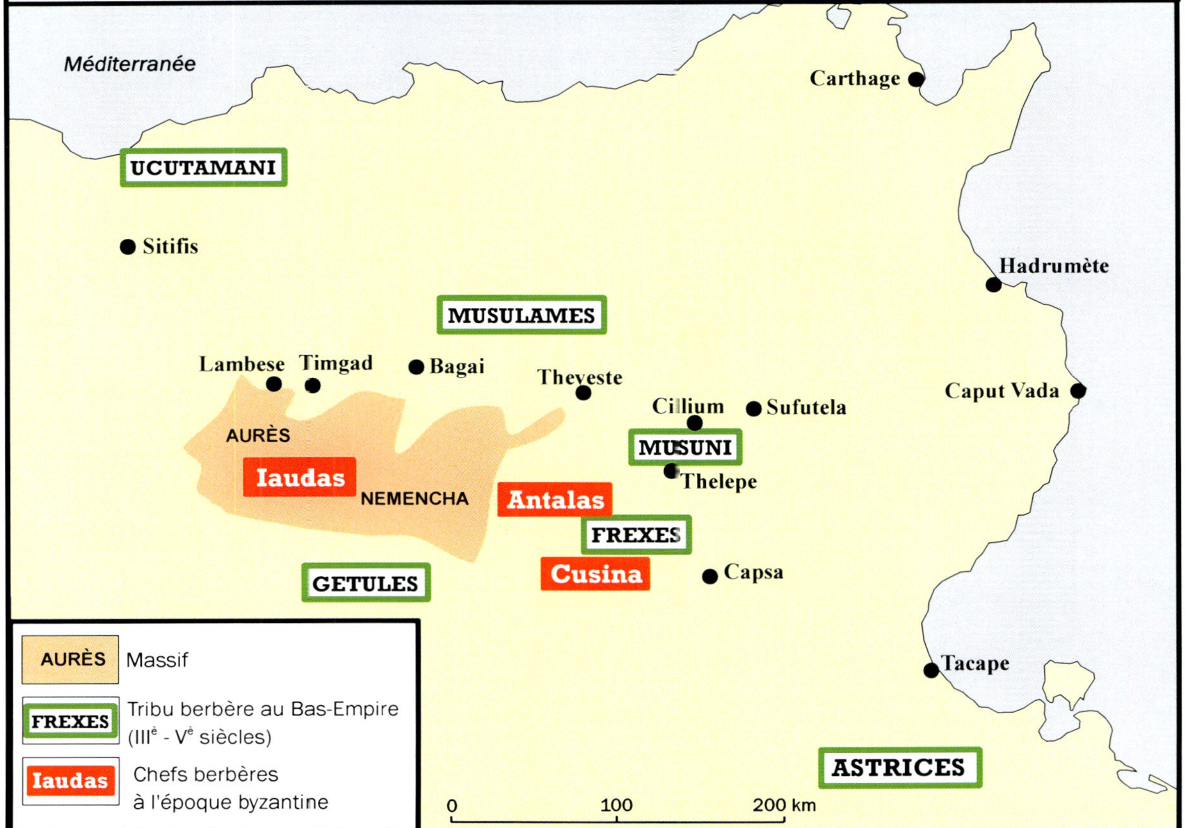

# VANDALES, BERBÈRES ET BYZANTINS ( ± 430/± 600 ap. JC )

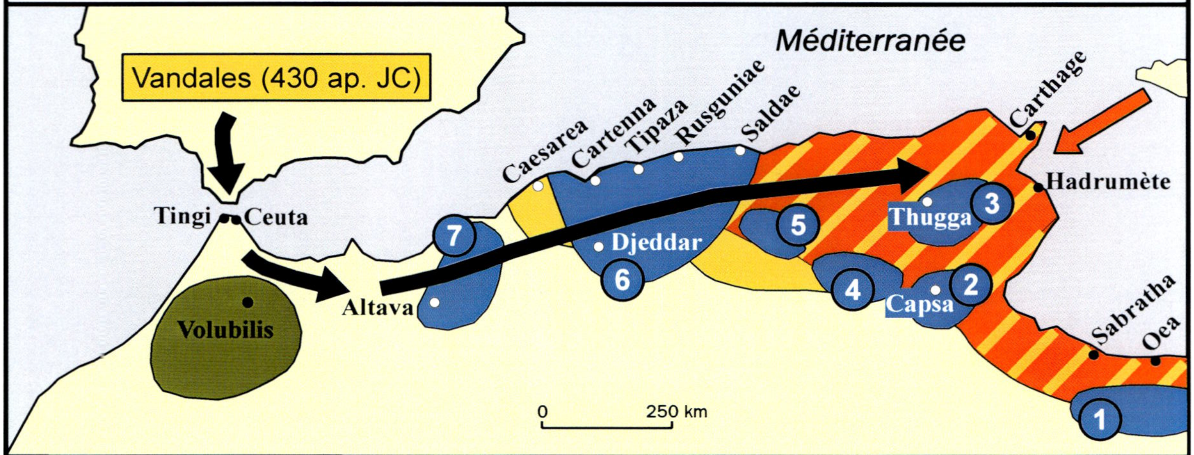


**L'Afrique vandale dans son extention maximale (± 455 ap. JC) :**

- Progression probable des Vandales
- Vandales

**Royaumes ou principautés berbères et leurs limites approximatives :**

1 Royaume de Cabaon
2 Royaume de Capsa
3 Royaume de Thugga
4 Principauté des Nemencha
5 Royaume des Aurès
6 Royaume de l'Ouarsenis
7 Royaume de Masuna

Royaume des Baquates

**L'Afrique byzantine dans son extension maximale (± 550 ap. JC) :**

- Conquête byzantine (533)
- Possessions byzantines

# LA CONQUÊTE DE LA BERBÉRIE PAR LES ARABES

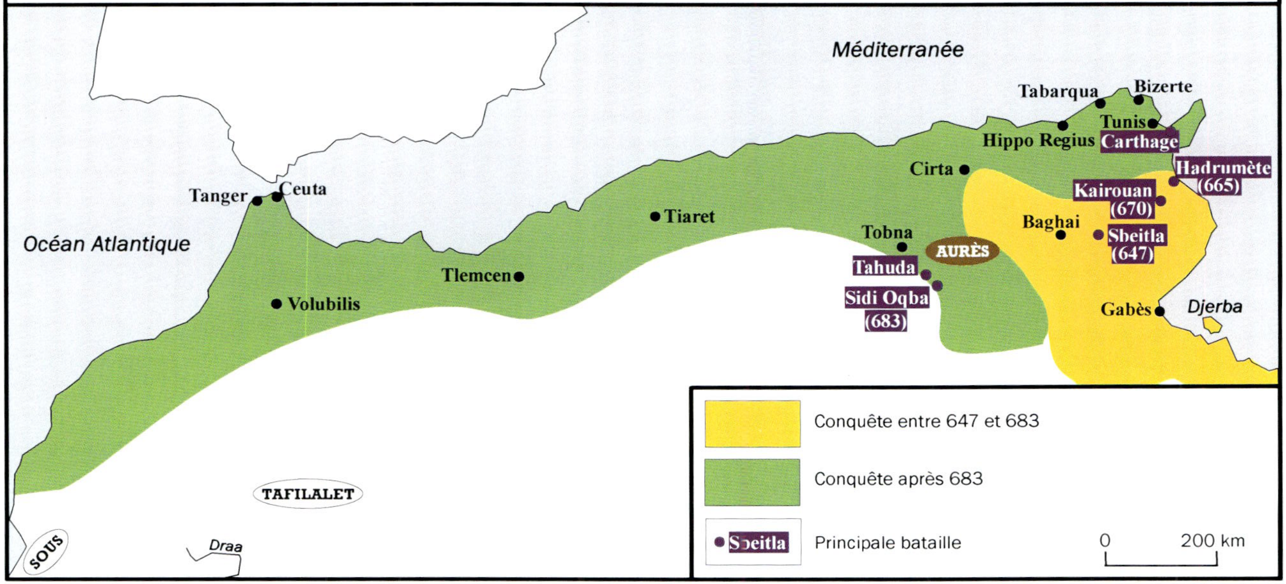

Cette toile de l'artiste suisse Otto Pilny (1866-1936) datée de 1910 et dont le titre est « Marché aux esclaves », est utilisée par le portail culturel chaoui inumiden.com afin d'illustrer, ce qui, dans la mémoire collective, représente l'enlèvement des femmes berbères par les conquérants arabes.

Une des nombreuses représentations contemporaines de La Kahina

# LA PREMIÈRE CONQUÊTE ARABO-MUSULMANE (631-714)

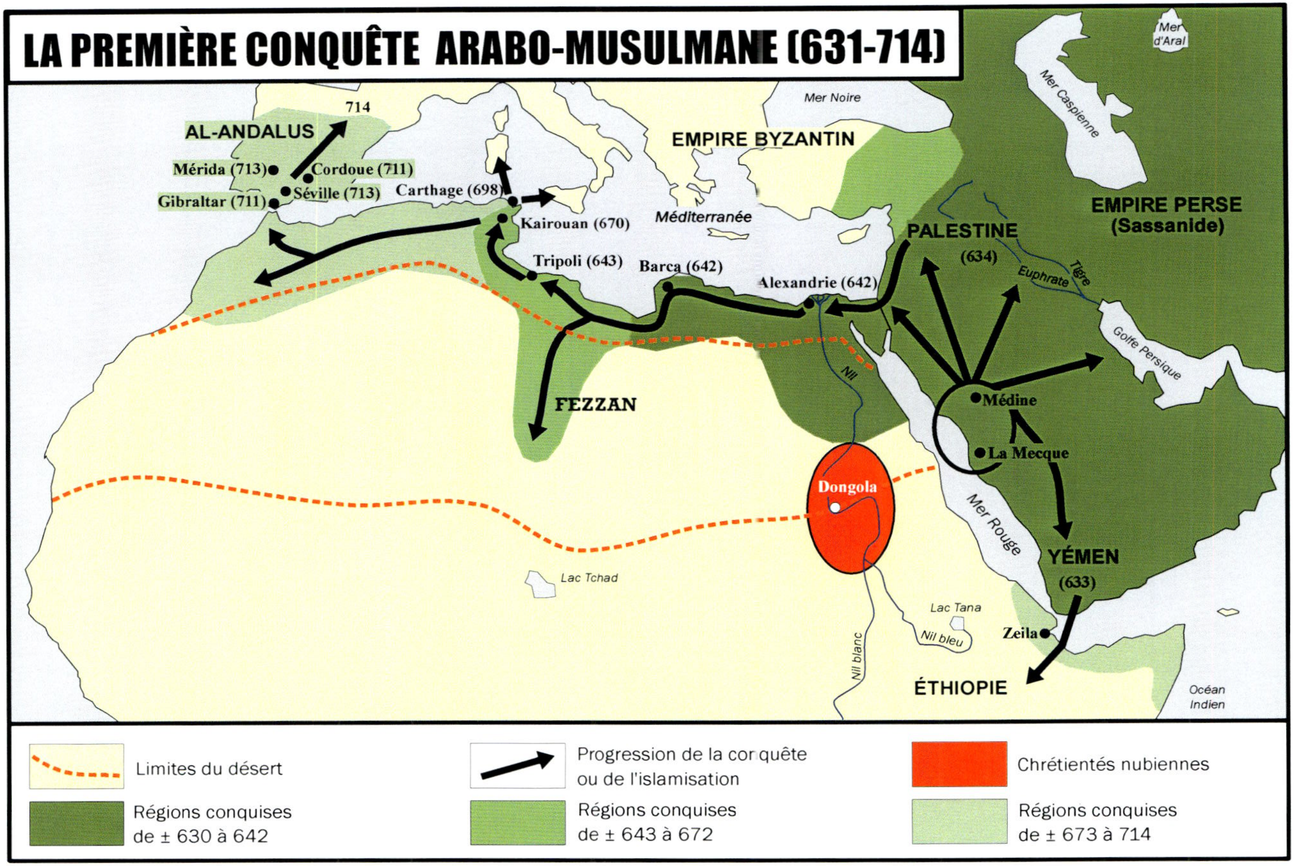

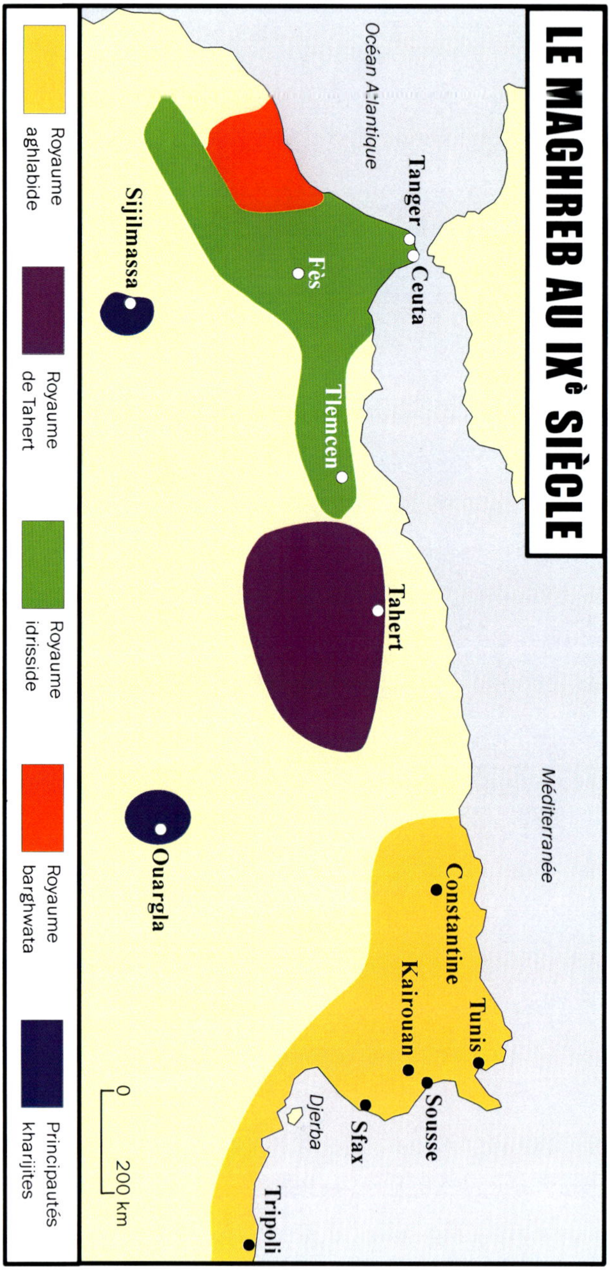
LE MAGHREB AU IXè SIÈCLE
Océan Atlantique
Méditerranée
Tanger
Ceuta
Fès
Sijilmassa
Tlemcen
Tahert
Ouargla
Constantine
Tunis
Kairouan
Sousse
Sfax
Djerba
Tripoli
0
200 km
Royaume aghlabide
Royaume de Tahert
Royaume idrisside
Royaume barghwata
Principautés kharijites

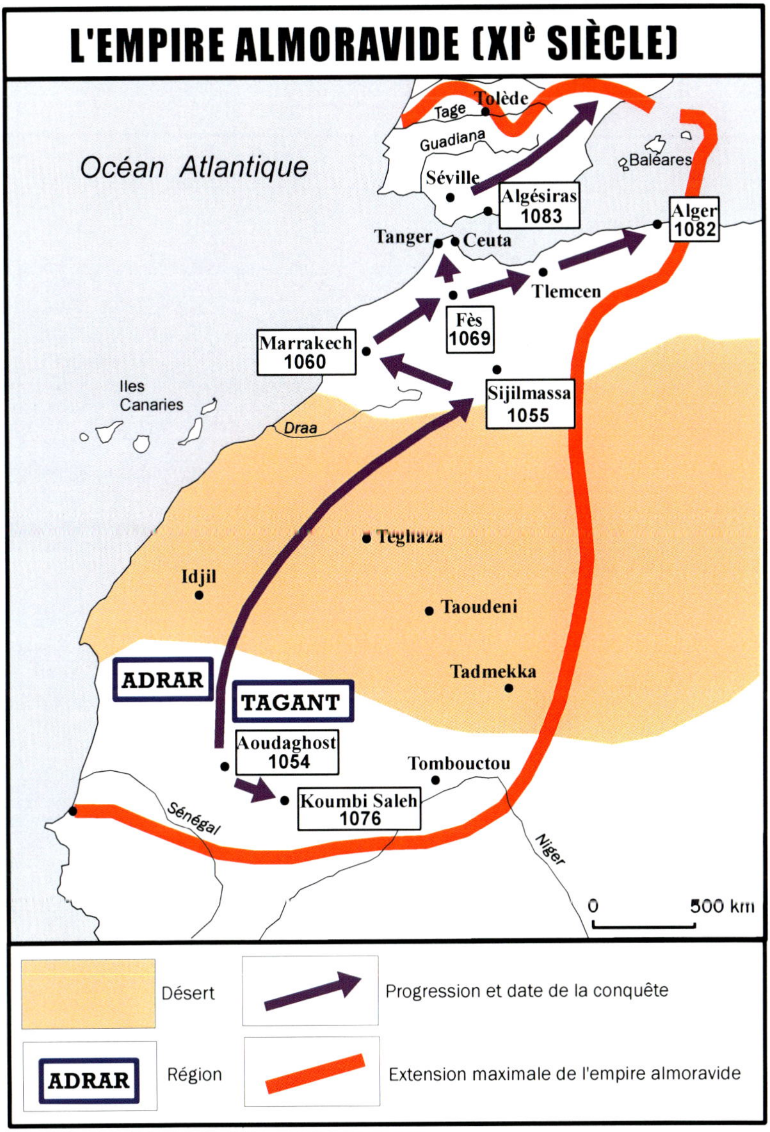
L'EMPIRE ALMORAVIDE (XIè SIÈCLE)
Océan Atlantique
Tage
Tolède
Guadiana
Séville
Algésiras 1083
Baléares
Alger 1082
Tanger
Ceuta
Tlemcen
Fès 1069
Marrakech 1060
Sijilmassa 1055
Iles Canaries
Draa
Teghaza
Idjil
Taoudeni
Tadmekka
ADRAR
TAGANT
Aoudaghost 1054
Tombouctou
Koumbi Saleh 1076
Sénégal
Niger
0 500 km
Désert
Progression et date de la conquête
ADRAR
Région
Extension maximale de l'empire almoravide

## L'EMPIRE FATIMIDE (Xè- XIIè SIÈCLES)

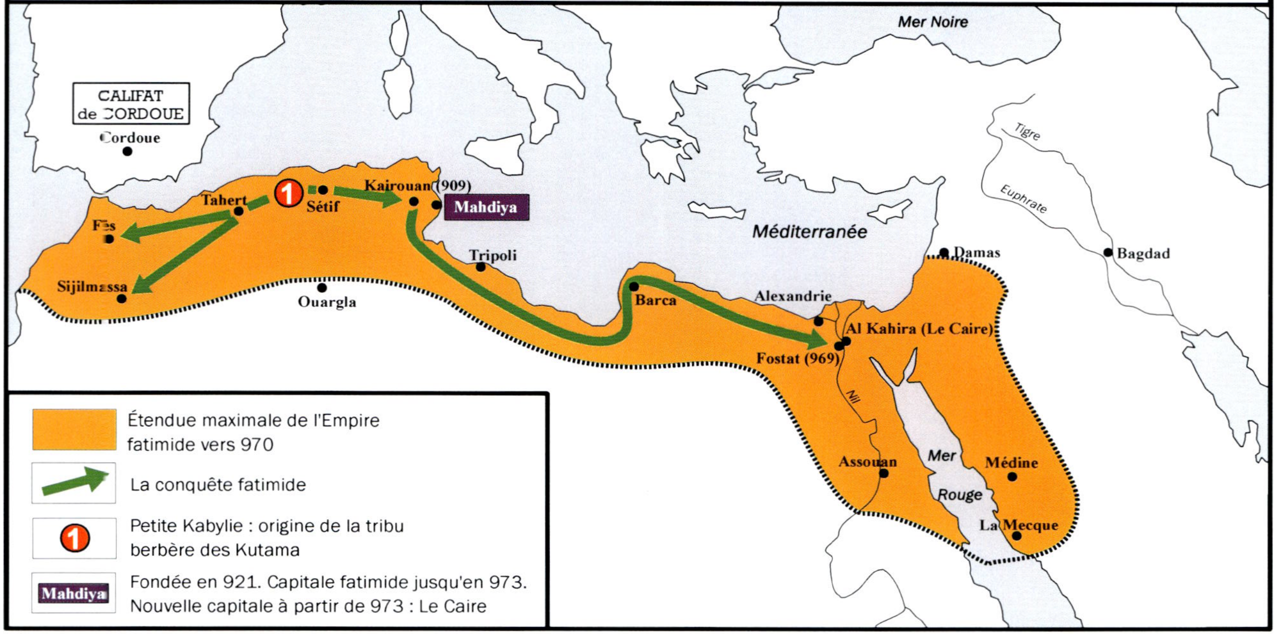


Étendue maximale de l'Empire fatimide vers 970

La conquête fatimide

Petite Kabylie : origine de la tribu berbère des Kutama

Mahdiya — Fondée en 921. Capitale fatimide jusqu'en 973. Nouvelle capitale à partir de 973 : Le Caire

# L'EMPIRE ALMOHADE (XIIè - XIIIè SIÈCLES)

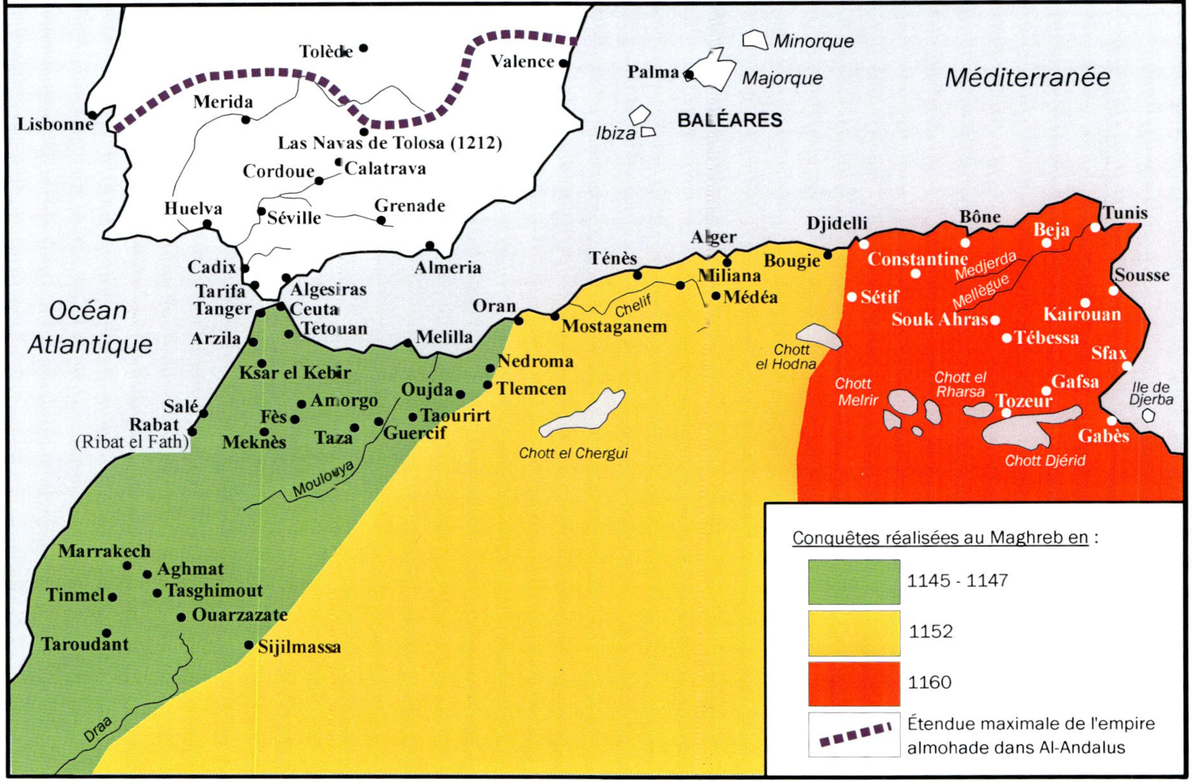

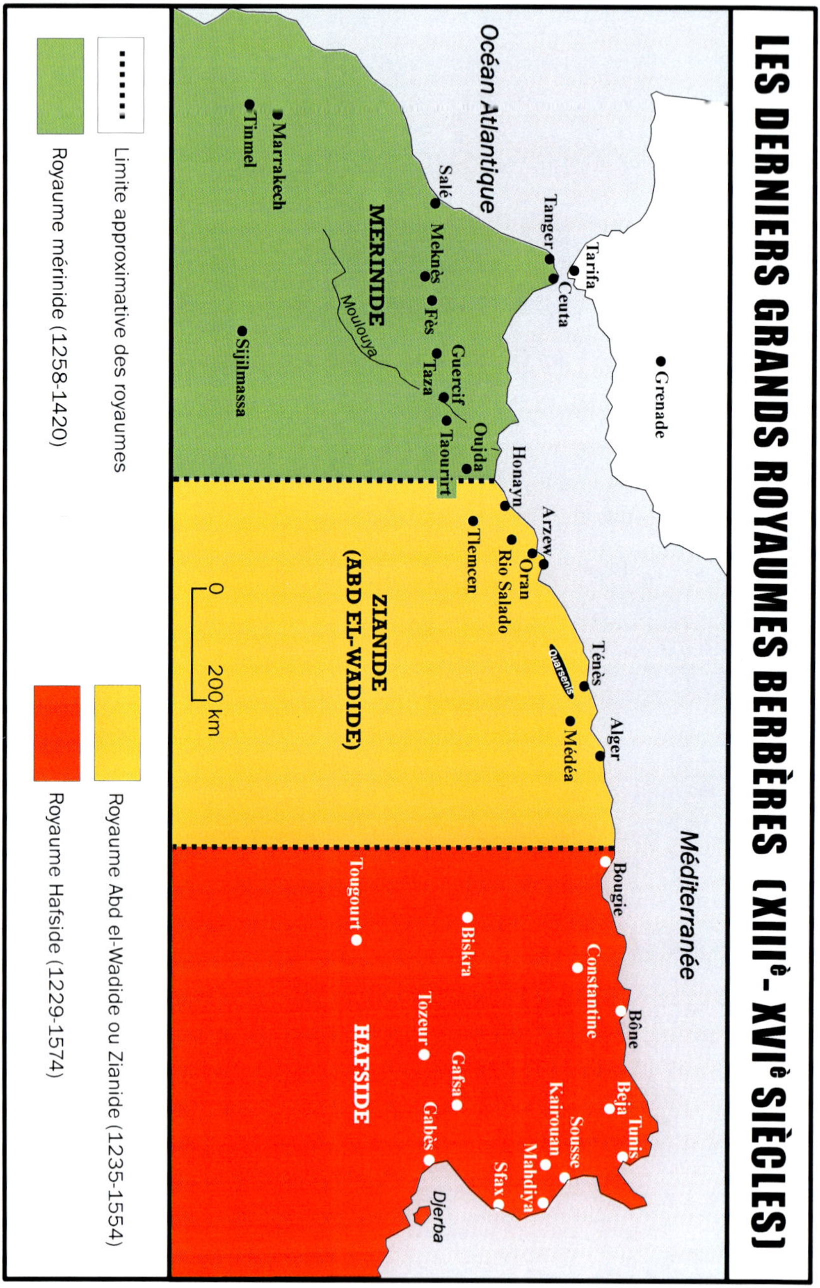
LES DERNIERS GRANDS ROYAUMES BERBÈRES (XIIIè- XVIè SIÈCLES)
Méditerranée
Océan Atlantique
Grenade
Tarifa
Tanger
Ceuta
Salé
Meknès
Fès
Taza
Guercif
Taourirt
Oujda
MERINIDE
Moulouya
Marrakech
Tinmel
Sijilmassa
Honayn
Arzew
Oran
Rio Salado
Tlemcen
Ouarsenis
Ténès
Alger
Médéa
ZIANIDE (ABD EL-WADIDE)
0
200 km
Bougie
Constantine
Bône
Biskra
Tougourt
Tozeur
Gafsa
Gabès
Beja
Tunis
Kairouan
Sousse
Mahdiya
Sfax
Djerba
HAFSIDE
Limite approximative des royaumes
Royaume mérinide (1258-1420)
Royaume Abd el-Wadide ou Zianide (1235-1554)
Royaume Hafside (1229-1574)

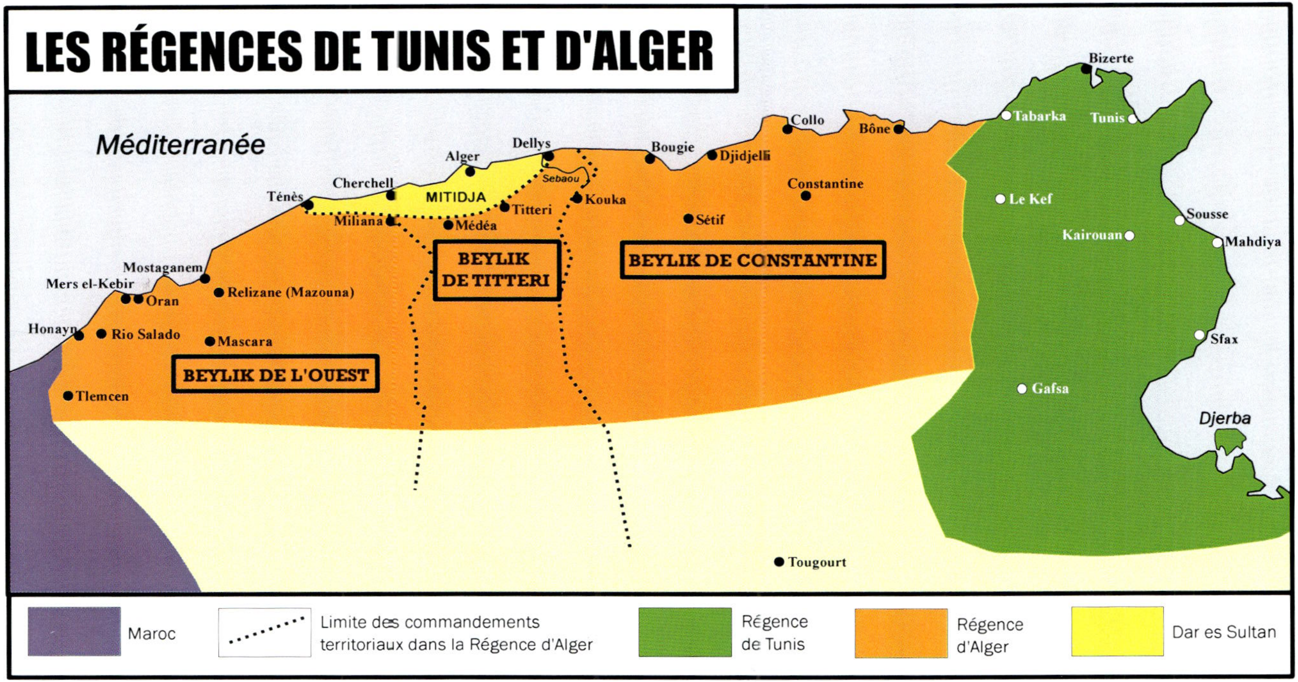

LES RÉGENCES DE TUNIS ET D'ALGER
Méditerranée
Bizerte
Tabarka
Tunis
Collo
Bône
Dellys
Alger
Bougie
Djidjelli
Cherchell
Ténès
MITIDJA
Sebaou
Kouka
Constantine
Le Kef
Sousse
Titteri
Miliana
Médéa
Sétif
Kairouan
Mahdiya
BEYLIK DE TITTERI
BEYLIK DE CONSTANTINE
Mostaganem
Mers el-Kebir
Oran
Relizane (Mazouna)
Honayn
Rio Salado
Mascara
Sfax
BEYLIK DE L'OUEST
Gafsa
Tlemcen
Djerba
Tougourt
Maroc
Limite des commandements territoriaux dans la Régence d'Alger
Régence de Tunis
Régence d'Alger
Dar es Sultan

Khayr ad-Din Barberousse ( 1466-1546).

Bombardement d'Alger par la flotte française en 1830.

Débarquement de captifs chrétiens à Alger

# L'INSURRECTION KABYLE DE 1871

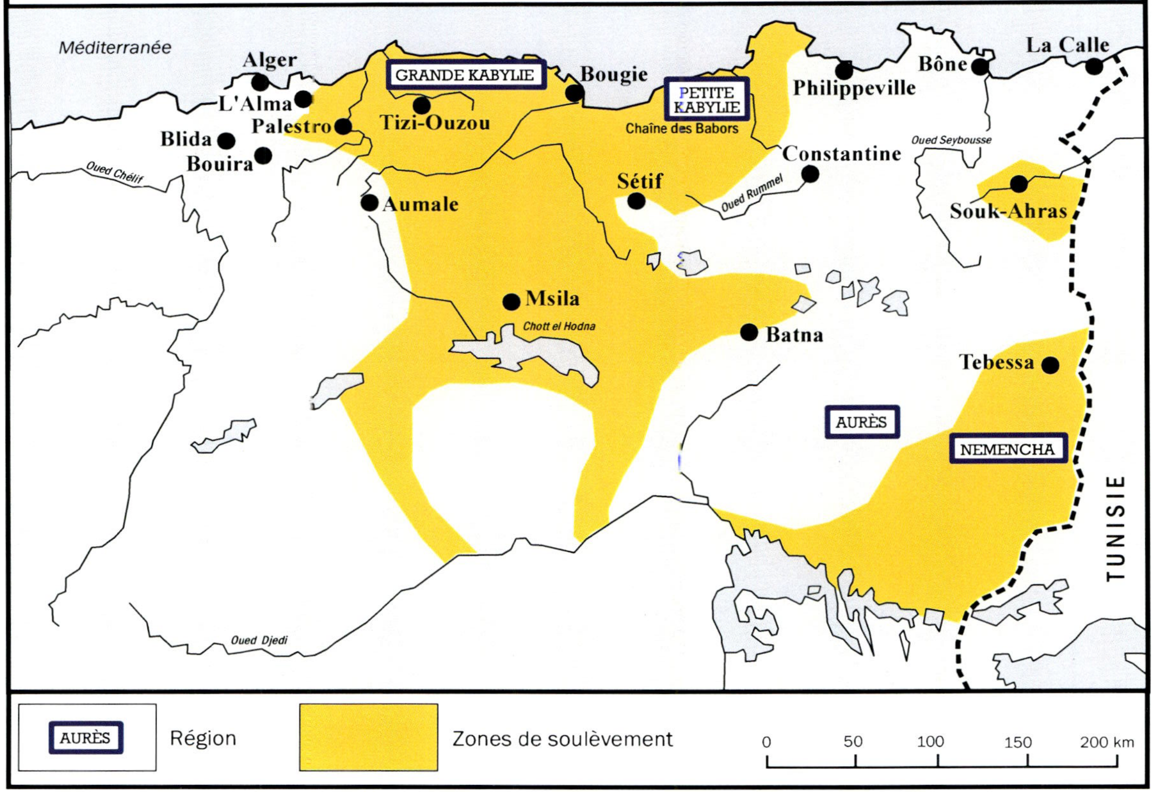

# LA CONQUÊTE DE L'ALGÉRIE PAR LA FRANCE (CARTE DE SITUATION)

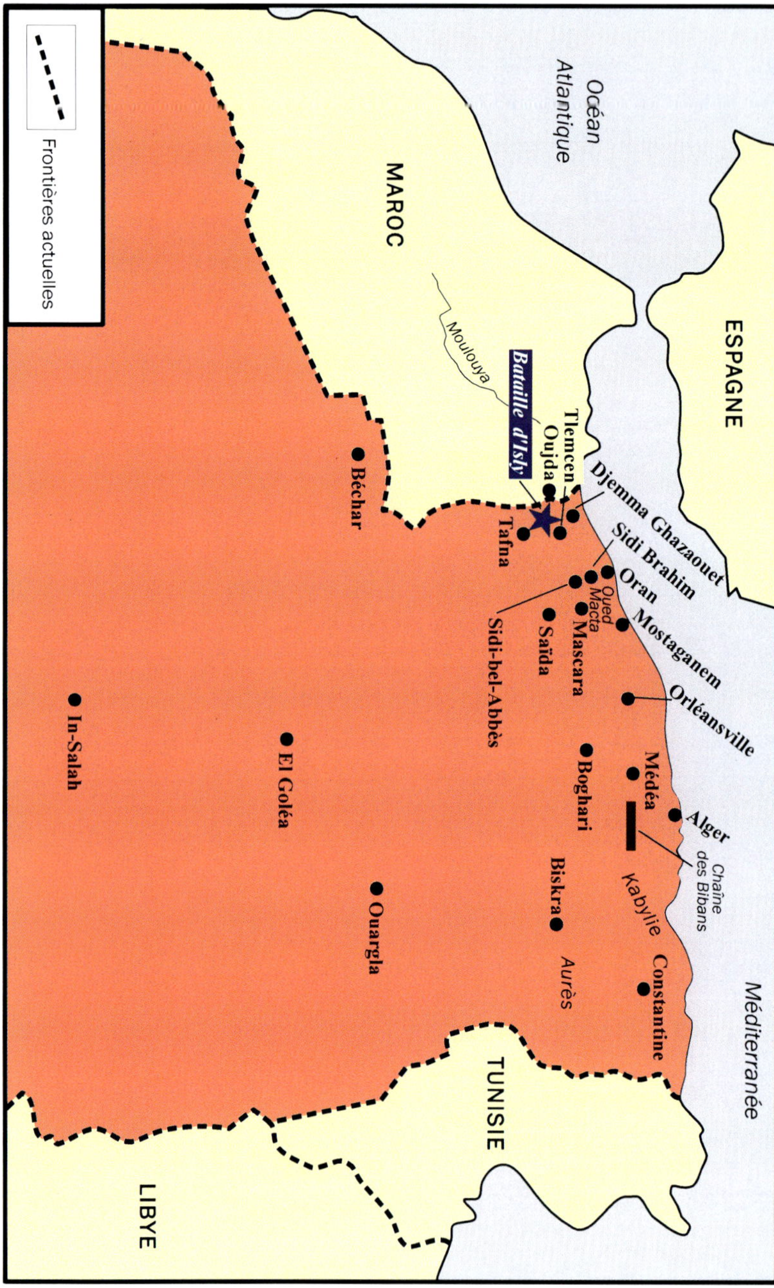

DÉBARQUEMENT DES FRANÇAIS A SIDI-FERRUCH

Une des nombreuses images d'Epinal illustrant le débarquement des troupes françaises à Sidi Ferruch au mois de juillet 1830.

## LE SOULÈVEMENT DU CONSTANTINOIS (8-12 MAI 1945)

d'après Roger Vétillard

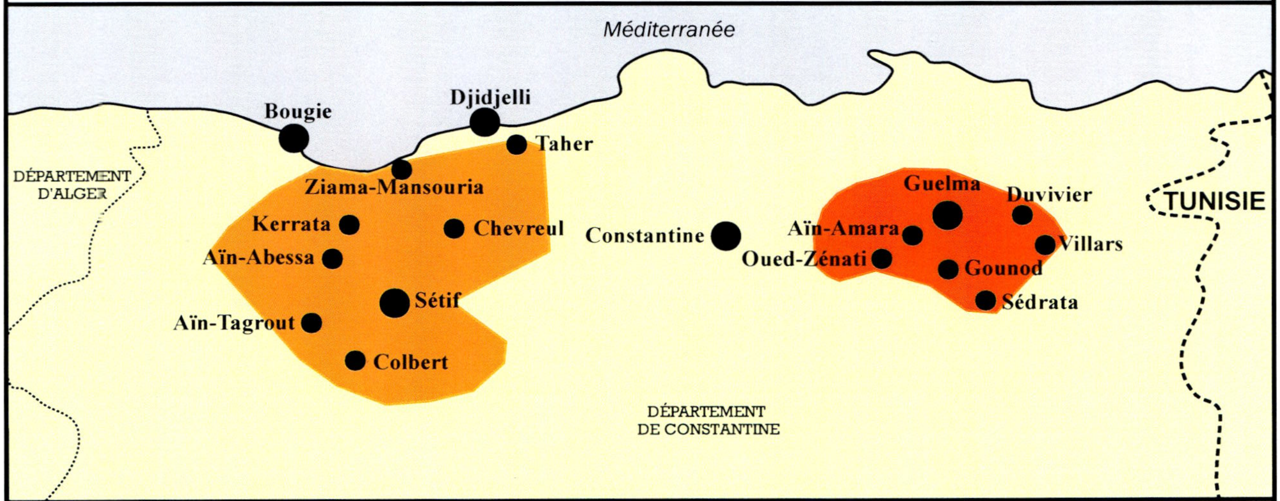


Zone d'insurrection de Sétif (8-11 mai 1945)

Zone d'insurrection de Guelma (8-12 mai 1945)

## L'INSURRECTION DE SÉTIF (8-11 MAI 1945)

*d'après Roger Vétillard*

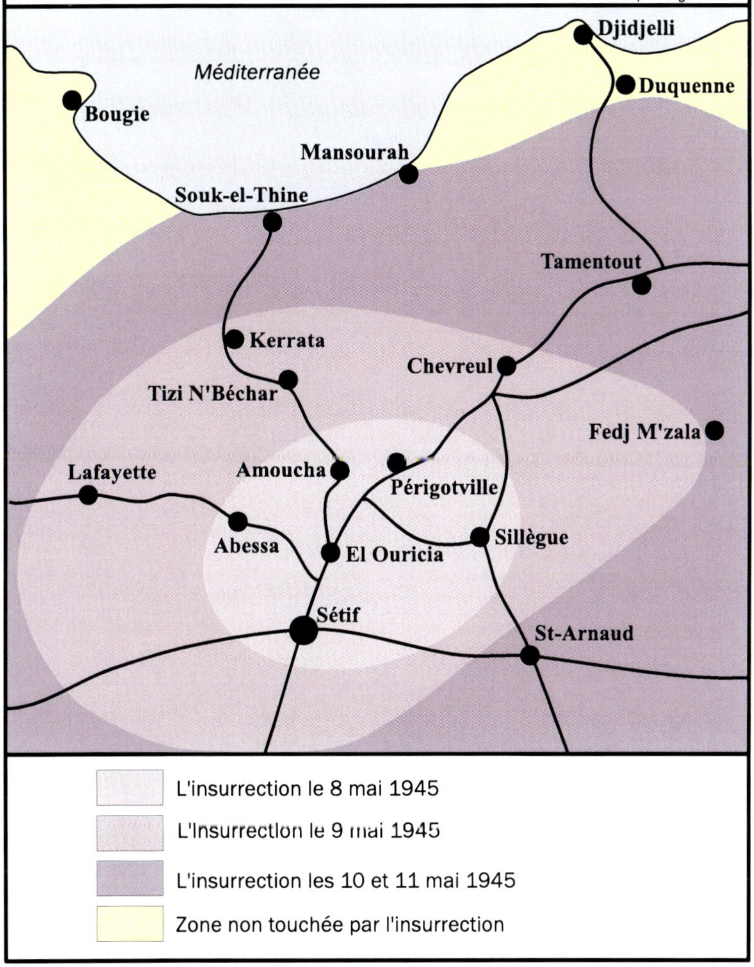

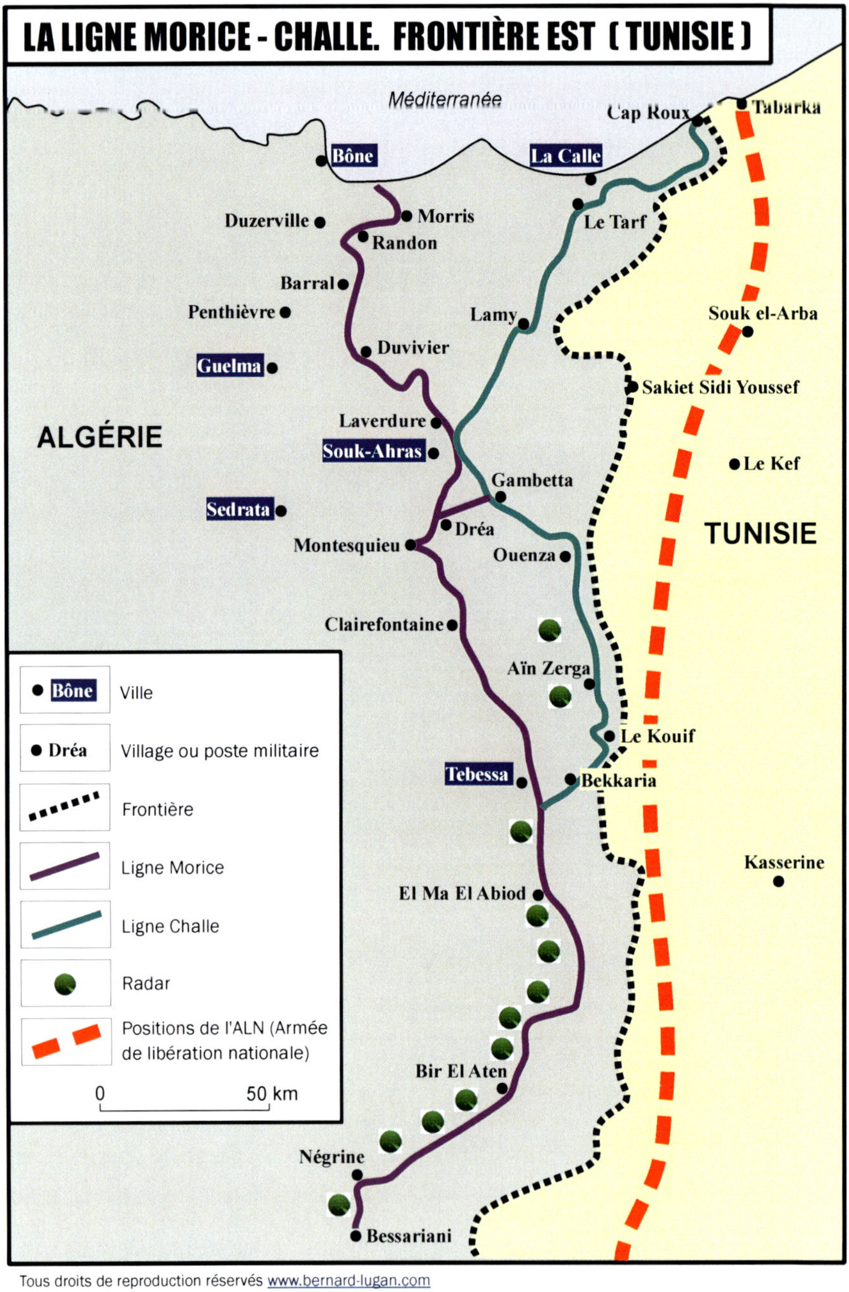
LA LIGNE MORICE - CHALLE. FRONTIÈRE EST (TUNISIE)
Méditerranée
Cap Roux
Tabarka
Bône
La Calle
Duzerville
Morris
Randon
Le Tarf
Barral
Penthièvre
Lamy
Souk el-Arba
Duvivier
Guelma
Sakiet Sidi Youssef
Laverdure
Souk-Ahras
ALGÉRIE
Le Kef
Gambetta
Sedrata
Dréa
TUNISIE
Montesquieu
Ouenza
Clairefontaine
Aïn Zerga
Le Kouif
Tebessa
Bekkaria
Kasserine
El Ma El Abiod
Bir El Aten
Négrine
Bessariani
Bône Ville
Dréa Village ou poste militaire
Frontière
Ligne Morice
Ligne Challe
Radar
Positions de l'ALN (Armée de libération nationale)
0
50 km

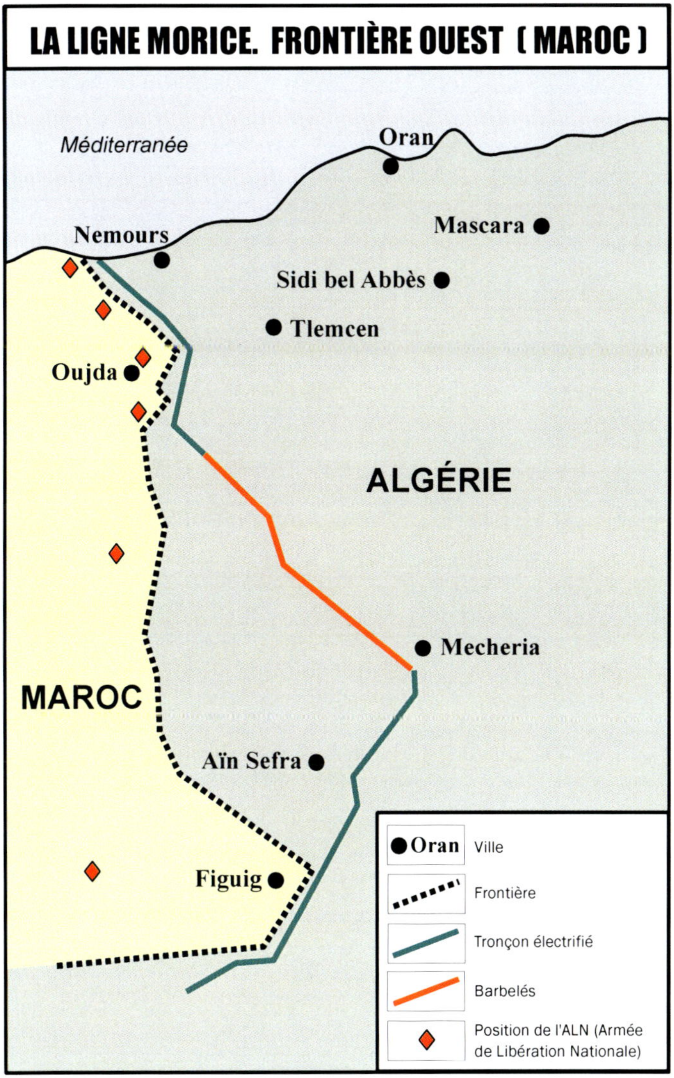
LA LIGNE MORICE. FRONTIÈRE OUEST ( MAROC )
Méditerranée
Oran
Nemours
Mascara
Sidi bel Abbès
Tlemcen
Oujda
ALGÉRIE
Mecheria
MAROC
Aïn Sefra
Figuig
Oran
Ville
Frontière
Tronçon électrifié
Barbelés
Position de l'ALN (Armée de Libération Nationale)

Tableau de Paul Jobert (1863-1942) reproduit dans l'Algérianiste, revue trimestrielle du Cercle algérianiste consacrée à l'histoire, la littérature et les arts à l'époque de l'Algérie française (www. cerclealgerianiste.fr).

Désormais, deux coalitions s'opposèrent, le « groupe d'Alger » et le « groupe de Tlemcen ». Le second constitua un bureau politique[108] qui annonça qu'il prenait en mains les destinées de l'Algérie. Le coup de force était en marche.

6 - Le 23 juillet, Mohamed Boudiaf et Hocine Aït-Ahmed se séparèrent du « groupe de Tlemcen » qu'ils accusaient de vouloir instaurer une dictature en Algérie et ils s'installèrent en pays kabyle, à Tizi Ouzou, d'où ils lancèrent un appel aux Algériens pour qu'ils s'opposent au coup de force. Le 27 juillet, ils y furent rejoints par Krim Belkacem. Désormais, il y eut donc un troisième groupe, le « groupe de Tizi Ouzou ».

7 - Le 25 juillet, le commandant Larbi Berredejem de la wilaya II prit Constantine et rejoignit le « groupe de Tlemcen ». Des combats eurent lieu dans la ville puis, le 29 juillet, la wilaya IV prit le contrôle d'Alger, enlevant la ville à la ZAA (Zone autonome d'Alger) dont les chefs furent arrêtés. Le 29 août, de violents affrontements se produisirent à Alger puis, le 4 septembre, Ben Bella prit position à Oran d'où il donna l'ordre à ses troupes de marcher sur Alger, ce qui provoqua de violents combats, notamment à Boghari, Sidi Aïssa et Chlef. Le 9 septembre, Ben Bella et le colonel Boumediene entrèrent à Alger à la tête de l'armée des frontières.

Les élections à l'assemblée constituante furent fixées au 20 septembre 1962, sur listes uniques, Ben Bella ayant déclaré que « la démocratie est un luxe que l'Algérie ne peut encore s'offrir ».

108 • Il était composé d'Hamed Ben Bella, de Mohamed Boudiaf, d'Aït-Ahmed, de Mohamed Saïd, de Rabah Bitat et de Mohamed Khider, soit les anciens prisonniers de France, plus Hadj Ben Alla.

Ahmed Ben Bella (à gauche) et Houari Boumediene (à droite) à l'époque de leur alliance.

Le 25 septembre, Ferhat Abbas fut élu président de l'Assemblée nationale et il proclama la naissance de la *République algérienne démocratique et Populaire,* puis Ben Bella fut désigné pour former le premier gouvernement de l'Algérie indépendante. Les combattants de l'intérieur avaient donc été évincés par ceux de l'extérieur et les politiques par les militaires. Le congrès « fondateur » de la Soummam était bien oublié.

Pour lutter contre ce coup d'État, un an plus tard, fin septembre 1963, d'anciens cadres des wilaya II et IV, ainsi que des responsables politiques se réunirent à Aïn El Hammam, à une cinquantaine de kilomètres à l'est de Tizi Ouzou et ils décidèrent de prendre les armes.

Dans les jours qui suivent, le gouvernement envoya l'armée mais la guerre civile fut arrêtée par le conflit algéro-marocain, la « guerre des sables » (octobre 1963), qui réconcilia provisoirement les deux camps dans l'union sacrée.

Au mois de juillet 1964, face à la dérive autoritaire du pouvoir et à ses orientations économiques désastreuses, Hocine Aït-Ahmed et Mohamed Boudiaf créèrent le CNDR (*Conseil national de défense de la révolution*) et montèrent des maquis, esentiellement en Kabylie. Le colonel Chaabani chef de la wilaya VI (Sahara) tenta de marcher sur Alger, mais il fut arrêté et fusillé le 8 septembre (Chehrit Kamel, 2016). Quant à Hocine Aït-Hamed, il fut arrêté le 17 octobre 1964 et condamné à mort. Gracié, il se réfugia en Suisse jusqu'en 2001. La répression du régime fut féroce et le mythe de la révolution unie avait explosé.

Installé au pouvoir avec le soutien de Boumediene, et sous sa surveillance, le 19 juin 1965, Ben Bella qui tentait de se dégager de l'emprise militaire fut renversé par le colonel Boumediene, président d'un *Conseil de la Révolution*, qui le fit enfermer à Tamanrasset où il resta emprisonné durant seize années.

## Les harkis furent-ils plus nombreux que les *djounoud*?

Tous les Algériens ne furent pas indépendantistes. Face aux nationalistes, les élites traditionnelles algériennes, souvent passées par l'armée, demeurèrent largement fidèles à la France. Durant la guerre d'indépendance, elles en payèrent d'ailleurs le prix car ce furent elles qui comptèrent majoritairement parmi les 16 378 civils algériens assassinés par le FLN entre le 1er novembre 1954 et le 19 mars 1962[109].

L'évidence de la profonde fracture algérienne et de la superficialité de la pieuse légende de l'unité d'un peuple unanimement dressé contre le colonialisme est donnée par les effectifs d'Algériens engagés dans ou aux côtés de l'armée française, tant dans la « Régulière » que dans les divers corps de supplétifs, contre les combattants indépendantistes.

Au mois de janvier 1961, alors que le processus menant à l'indépendance était clairement engagé, environ 250000 Algériens servaient dans l'armée française contre 202 842 un an plus tôt, à savoir :

- 60 432 appelés,
- 27 714 engagés,
- 700 officiers dont 250 appelés

109 • Après cette date, entre 60000 à 80000 harkis et divers membres des corps supplétifs furent assassinés par le FLN (Faivre 1995,1996). Quant aux civils musulmans victimes des réglements de comptes, leur nombre est impossible à établir.

- 4 600 sous-officiers
- 63 000 harkis (ils étaient 57 900 en 1960),
- 88 700 dans les groupes d'autodéfense dont 19 100 Moghaznis et 62 000 membres de l'autodéfense villageoise (Faivre, 1995 et 1996 ; Monneret, 2008).

Ces chiffres sont à comparer avec les effectifs des combattants FLN-ALN. En établissant des comptes, nous constatons ainsi qu'en 1961, les Algériens combattant dans ou aux côtés de l'armée, donc, d'une manière ou d'une autre, partisans de l'Algérie française, étaient au moins cinq fois plus nombreux que ceux des maquisards de l'intérieur et des membres de l'ALN alors stationnés en Tunisie ou au Maroc.

Selon le 2è Bureau français, le nombre de maquisards était en effet de 400 en 1954 et de 20 000 en 1958. Au mois de mars 1962, à la signature des *accords d'Évian*, toujours selon les sources militaires françaises, les combattants nationalistes étaient estimés à 15 200, tant réguliers qu'auxiliaires à l'intérieur, et environ 32 000 à l'extérieur où ils formaient l'ALN, soit 22 000 en Tunisie et 10 000 au Maroc. Au total, et toujours selon les sources françaises, les effectifs combattants des indépendantistes étaient alors d'environ 50 000 hommes en armes contre près de 250 000 dans l'armée française, soit cinq fois moins.

Les sources algériennes n'indiquent pas de grosses différences par rapport aux sources militaires françaises. Dans son livre (1997 : 37), Benyoucef Benkhedda dernier président du GPRA, écrit ainsi qu'à la fin de la guerre, les maquis de l'intérieur comptaient 35 000 combattants (15 200 pour les sources françaises), à savoir 7 000 pour la *wilaya I*, 5 000 pour la II, 6 000 pour la III, 12 000 pour la IV, 4 000 pour la V et 1 000 pour la VI[110]. Les effectifs de l'ALN, l'armée des frontières étaient connus, à savoir un peu plus de 30 000 hommes, selon les Algériens, les effectifs combattants nationalistes étaient donc d'un peu moins de 70 000 hommes, soit quasiment un tiers des plus de 200 000 Algériens qui servaient alors dans l'armée française.

À ces chiffres, il convient naturellement d'ajouter les pertes au combat, ce qui doit bien évidemment grossir le nombre des indépendantistes. Mais, quoi qu'il en soit, il est difficile de parler d'un peuple uni comme un seul homme dans le combat indépendantiste.

Un groupe de supplétifs armés pour assurer la défense villageoise contre le FLN.

110 • L'estimation de Benyoucef Benkhedda est considérée comme très exagérée par les services français. Selon l'ancien ministre algérien Abdeslam Ali Rachidi, « tout le monde sait que 90% des anciens combattants, les moudjahidine, sont des faux » (El Watan, 12 décembre 2015).

# Chapitre VIII

•

# Le FLN a-t-il militairement vaincu l'armée française ?[111]

La guerre d'indépendance algérienne dura officiellement du mois de novembre 1954 au mois de mars 1962[112]. L'histoire officielle algérienne soutient que l'armée française ayant été vaincue, ou du moins mise en grande difficulté par les combattants du FLN, le général De Gaulle fut donc contraint d'accepter l'idée de l'indépendance. La réalité est autre car ce fut une fois la victoire clairement remportée sur le terrain, que le général De Gaulle accorda l'indépendance à l'Algérie pour des raisons économiques et ethniques.

Dans cette guerre, trois grandes périodes peuvent être distinguées : de 1954 à 1957, de 1958 à 1960 et de 1960 à 1962.

111 • En France on parle de « guerre d'Algérie » quand il faudrait parler de « guerre en Algérie », cependant qu'en Algérie, est employée l'expression « guerre de libération nationale ». Nous parlerons de « guerre d'indépendance algérienne ».

112 • La guerre d'Algérie ne s'est pas achevée le 19 mars 1962. Depuis 1963, la FNACA, association d'anciens combattants proche du Parti communiste français militait pour que la date du 19 mars 1962 soit retenue pour commémorer la fin des combats en Algérie. Cette revendication a été satisfaite avec l'adoption par le Sénat, le 8 novembre 2012, d'une loi précédemment votée par l'Assemblée nationale en 2002. Dix ans plus tard, cette loi fut défendue devant le Sénat par le sénateur socialiste Alain Neri, provoquant de très nombreuses réactions de la part de la principale association d'Anciens combattants, l'UNC (Union nationale des combattants) et de trente autres associations comptant au total plus d'un million de membres. Le 19 mars 1962 est en effet le premier jour d'entrée en vigueur des *accords d'Évian*, mais cette date ne marque pas pour autant la fin des combats et des atrocités. Plusieurs milliers d'Européens et plusieurs dizaines de milliers de harkis furent en effet tués, assassinés, enlevés ou torturés après cette date. De plus, ce fut après le 19 mars 1962 que le FLN mit au point son plan d'épuration ethnique destiné à vider l'Algérie de sa population européenne, et cela, en violation de la lettre même des *accords d'Évian*.

## 1954-1956 : une armée française surprise

La guerre d'indépendance algérienne[113] éclata dans la nuit du 31 octobre au 1er novembre 1954[114] quand, à Boufarik et à Blida, des commandos respectivement dirigés par Amar Ouamrane et par Rabah Bitat tirèrent des rafales d'armes automatriques sur les murs de casernes françaises. Dans la région d'Alger, une coopérative d'agrumes, une usine de transformation de l'alfa, un relais téléphonique et un dépôt de carburant furent mitraillés et à Alger même, trois bombes explosèrent. Dans l'Oranais, la gendarmerie de Cassaigne fut mitraillée et deux fermes attaquées. En Kabylie, Krim Belkacem lança plusieurs attaques contre des dépôts de liège, des mairies ou des gendarmeries.

Ce fut cependant dans les Aurès et les régions voisines que le mouvement fut le plus significatif. Mostafa ben Boulaïd qui disposait de plusieurs centaines d'hommes y lança ainsi de véritables opérations militaires, notamment à Batna, à Kenchela et jusqu'à Biskra. La ville d'Arris fut coupée de l'extérieur durant deux jours, et dans les gorges de Tighanimine, sur la route de Biskra, une embuscade tendue à un car de voyageurs, coûta la vie à un instituteur, Guy Monnerot, ainsi qu'au *caïd* de M'Chounèche, Hadj Sadok, qui s'était interposé.

L'insurrection algérienne déclenchée, le gouvernement de Pierre Mendès-France affirma que la défense de la souveraineté française n'était pas négociable et que la « pacification » était un préalable :

113 • Sur la guerre d'Algérie, la bibliographie est considérable, de qualité très inégale et le plus souvent partisane, c'est-à-dire qu'elle reprend pour l'essentiel la vision du FLN et celle de la gauche ainticoloniale française. Pour une approche plus objective, on retiendra particulièrement les ouvrages de Pierre Montagnon (1984), de Jean-Louis Gérard (2001), de Jean Charles Jauffret (2002) et de Jean Monneret (2008).

114 • Le 1er novembre 1954, un communiqué de la radio *La Voix des Arabes* émettant depuis Le Caire annonça : « la lutte grandiose pour la liberté a commencé ».

> « Qu'on n'attende de nous aucun ménagement à l'égard de la sédition, aucun compromis avec elle. On ne transige pas lorsqu'il s'agit de défendre la paix intérieure de la Nation et l'intégrité de la République. Les départements d'Algérie font partie de la République française, ils sont français depuis longtemps et d'une manière irrévocable. [...] Cela doit être clair pour toujours et pour tout le monde, en Algérie, dans la métropole et aussi à l'étranger. Jamais la France, jamais aucun Parlement, jamais aucun gouvernement, ne cédera sur ce principe fondamental [...] L'Algérie c'est la France, et non un pays étranger que nous protégeons » (Mendès-France, déclaration du 12 novembre 1954 à la tribune de l'Assemblée nationale).

Pierre Mendès-France résumait bien l'opinion qui était alors celle de l'immense majorité des Français : l'Algérie était la France. Quant à François Mitterrand, ministre de l'Intérieur, il déclara : « la seule négociation, c'est la guerre ». La gauche française campait donc toujours sur une ligne de grande fermeté concernant l'Algérie française. Cette position n'était pas nouvelle car le gouvernement de Front populaire avait en son temps réprimé le nationalisme algérien. De même, en 1945, la répression dans le Constantinois avait été décidée par un gouvernement issu de la Résistance et qui était très majoritairement de gauche avec participation communiste.

Des renforts furent donc envoyés en Algérie et des rafles organisées dans les milieux nationalistes.

Les musulmans étaient alors partagés entre une minorité assimilationniste à l'image du notaire Abderrahmane Farès, ancien président de l'*Assemblée algérienne* et une autre minorité nationaliste, tandis que la grande masse demeurait attentiste[115].

115 • Le 26 septembre 1955, 61 élus musulmans des diverses assemblées françaises et de l'Assemblée algérienne se prononçèrent contre l'intégration dans laquelle ils voyaient une forme déguisée d'assimilation alors que, selon eux, l'heure était désormais à « l'idée nationale algérienne ».

Au mois d'avril 1955 la situation sécuritaire se dégrada et le Parlement français vota l'état d'urgence. Le 16 mars 1956, l'Assemblée nationale accorda les pouvoirs spéciaux au gouvernement Guy Mollet, au mois d'avril, l'envoi du contingent fut décidé.

Le 21 avril, les nationalistes « modérés » qui étaient groupés autour de Ferhat Abbas se rallièrent au FLN et ils partirent pour Le Caire. Au mois d'août, dans le douar d'Ighbal, dans la vallée de la Soummam, en pays kabyle, se tint, comme nous l'avons vu plus haut, le premier congrès du FLN qui décida de la création du *Comité national de la révolution algérienne (CNRA).*

Pierre Mendès-France, ministre d'État, démissionna le 23 mai 1956 car il estimait que le gouvernement était trop sensible aux arguments des Européens d'Algérie et pas assez à ceux des musulmans. Il demandait donc des mesures politiques destinées à empêcher que la population musulmane rejoigne le FLN.

Le 22 octobre 1956, l'avion marocain qui transportait de Rabat à Tunis cinq membres de la Délégation extérieure du FLN[116] fut détourné par les services français et tous furent emprisonnés jusqu'à la fin de la guerre. Le même jour, à Meknès, au Maroc, éclatèrent de violentes manifestations antifrançaises parties du quartier algérien de la *médina* et des dizaines d'Européens furent massacrées[117].

---

116 • Ahmed Ben Bella, Hocine Aït-Hamed, Mohamed Boudiaf, Mostefa Lacheraf et Mohamed Khider.

117 • Paris avait donné ordre aux troupes françaises de ne pas intervenir pour faire cesser la tuerie. De fait, elles demeurèrent dans leurs casernes. Commencé au mois de novembre 1960, le retrait militaire français fut achevé le 31 décembre 1963.

## 1956-1957 : l'armée française prend l'avantage

Durant l'automne 1956, le FLN, constata qu'il ne pouvait l'emporter sur l'armée française dans le *bled*. Il décida alors de mener la bataille sur un terrain qui lui était plus favorable, à Alger même, depuis le cœur de l'ancienne citadelle turque, la *casbah*, où l'enchevêtrement des rues permettait une facile dissimulation. De là, de sanglants attentats furent organisés dans la ville européenne.

La police étant impuissante, le 7 janvier 1957, le gouvernement du socialiste Guy Mollet donna ordre à la division parachutiste commandée par le général Massu de démanteler les réseaux du FLN. Ce fut la « bataille d'Alger » qui se déroula de janvier à septembre 1957. La manière forte fut employée, et cela à la hauteur du défi que l'armée avait été chargée de relever par le pouvoir civil : 24 000 personnes furent arrêtées, des suspects furent torturés afin de leur faire révéler les lieux où étaient entreposées les bombes[118] qui tuaient des civils et les réseaux terroristes furent démantelés (Massu, 1971 ; Léger, 1983 ; Schmitt, 2002).

La victoire de l'armée fut aussi totale que sa défaite politique. Cette dernière fut organisée depuis Paris par les alliés du FLN, qui déclenchèrent une puissante campagne contre la torture[119].

118 • En Algérie, une forte controverse concerne Yacef Saâdi, accusé par certains, d'avoir livré aux parachutistes français les réseaux de poseurs de bombes. Voir à ce sujet Algeria-Watch du 12 avril 2016 (en ligne) « Révélations sur le rôle de Yacef Saâdi, héros de la bataille d'Alger de 1957 », et Ted Morgan (2016). Ce dernier écrit qu'Ali la Pointe, le chef des poseurs de bombes du FLN aurait été donné aux parachutistes du général Massu par Yacef Saâdi.

119 • Pour un état de la question, il sera utile de se reporter à Aussaresses (2001) et à Branche (2001) qui présentent les faits d'une manière à la fois opposée et partisane et à Puy-Montbrun (2002) pour sa hauteur de vue.

La victoire française durant la « Bataille d'Alger » provoqua une grave crise au sein du FLN. Après la mort de Larbi Ben M'Hidi, exécuté au mois de février 1957 par l'armée française (Aussaresses, 2001), Abane Ramdane qui avait déclenché l'opération fut mis en accusation par la direction militaire du FLN. Organisateur du *Congrès de la Soummam* au mois d'août 1956, il avait eu un rôle essentiel dans le ralliement au mouvement de modérés comme Ferhat Abbas et il avait réussi à regrouper divers courants politiques. Cependant, comme il avait imposé le leadership des militants de l'intérieur sur les exilés, il s'était fait de nombreux ennemis parmi ces derniers. La branche extérieure du FLN se vengea en le mettant en accusation pour avoir déclenché la bataille d'Alger d'une manière inconsidérée et donc pour avoir offert une victoire à la France. Abane Ramdane fut assassiné au Maroc en 1957 sur ordre du colonel Abdelhafid Boussouf chef de la wilaya V, celle d'Oranie.

Une autre crise éclata au sein du FLN quand plusieurs clans s'opposèrent dans un contexte d'affaiblissement des partisans de Messali Hadj. Nous avons vu qu'en 1956, dépassé par le radicalisme du FLN, Messali Hadj créa le MNA (*Mouvement national algérien*). Les militants des deux mouvements se livrèrent ensuite une lutte sans merci, tant en Algérie que sur le territoire métropolitain, illustrée entre autres, le 28 mai 1957, par le massacre du *douar* messaliste de Mélouza où des centaines de femmes, d'enfants et de vieillards furent égorgées. Cette tuerie s'inscrivait dans la stratégie du FLN qui était d'éliminer le courant messaliste afin d'apparaître comme le seul représentant du nationalisme algérien. À l'issue de cette lutte fratricide, les réseaux du MNA furent au sens propre liquidés par le FLN (Harbi, 1980, 1998 et Simon 2006).

Au début du mois de janvier 1958, la situation se tendit sur la frontière algéro-tunisienne. Depuis leur sanctuaire installé en Tunisie, les combattants du FLN-ALN lançaient en effet des opérations de plus en plus meurtrières en territoire algérien avant de se replier de l'autre côté de la frontière où ils étaient hors des poursuites de la part de l'armée française.

Le 2 janvier 1958, quatre soldats français furent ainsi faits prisonniers et emmenés en Tunisie, puis le 11 janvier, une patrouille tomba dans une embuscade tendue par plusieurs centaines de combattants venus du village de Sakhiet Sidi-Youssef et appuyés par la garde nationale tunisienne. Le 8 février, un avion de reconnaissance français fut touché par un tir venu de ce même village (carte p. 154).

En représailles, un puissant bombardement aérien français eut lieu le même jour, détruisant l'artillerie anti-aérienne et le camp de l'ALN, mais des bombes touchèrent des objectifs civils, faisant plusieurs morts. La France fut alors l'objet d'une violente campagne américaine et contrainte d'accepter une mission de « bons offices » anglo-américaine.

Le 15 avril 1958, le gouvernement Félix Gaillard fut renversé ; pour lui succéder, le président Coty désigna Pierre Pfimlin qui constitua une coalition de socialistes, de radicaux et de MRP. Le nouveau président du Conseil étant partisan de négocier avec le FLN, la tension monta à Alger.

Le 9 mai, le FLN-ALN annonça l'exécution de trois soldats français gardés prisonniers en Tunisie[120]. À Alger, une immense

120 • Ces appelés du contingent étaient le sergent Robert Richomme et les soldats René Decourteix et Jacques Feuillebois. Pour ce qui concerne la question des prisonniers du FLN, voir Raphaelle Branche (2014).

manifestation eut lieu en leur hommage et les autorités perdirent le contrôle de la situation. Le 13 mai, l'armée créa des *Comités de salut public*. Dépassé par les évènements, René Coty, président de la République, fit appel au général De Gaulle. Le 28 mai le gouvernement Pfimlin démissionna (Winock, 2006). Le 1er juin, le général De Gaulle reçut l'investiture du Parlement, puis il constitua un cabinet de large coalition avec participation socialiste, dont Guy Mollet, qui demeura au gouvernement jusqu'au 21 décembre 1958.

Le référendum du 28 septembre 1958 approuva la Constitution de la Vè République. Le 19 septembre 1958, De Gaulle[121] proposa la « paix des braves ». Le FLN qui se transforma en GPRA (*Gouvernement provisoire de la république algérienne),* refusa toutes les ouvertures françaises, exigeant l'indépendance immédiate de l'Algérie tandis que, pour l'opinion, il était clair que le général allait maintenir l'Algérie française. D'autant plus qu'entre 1958 et 1960, la victoire militaire française fut obtenue en deux étapes, la « bataille des frontières » (21 janvier-28 mai 1958) et le plan Challe.

## 1958-1961 : la victoire militaire française

La « bataille des frontières » fut livrée à l'époque où le général Salan était Commandant supérieur de la région Algérie (1er décembre 1956-12 décembre 1958).

Le 26 juin 1957, André Morice, ministre de la Défense nationale dans le gouvernement de Maurice Bourgès-Maunoury, avait pris la décision de rendre hermétiques les deux frontières est et ouest de l'Algérie afin d'éviter de devoir lancer des opérations aux lourdes conséquences diplomatiques contre les bases de

121 • Pour une perspective nouvelle concernant le bilan historique du général De Gaulle, on se reportera à Dominique Venner (2005).

l'ALN situées en Tunisie et au Maroc. Ce fut la ligne Morice. Elle fut complétée par la ligne Challe, du nom du nouveau commandant en chef qui succéda au général Salan au mois de décembre 1958, et qui était un « barrage de l'avant » destiné à prendre dans une nasse les unités de l'ALN qui auraient réussi à franchir la première ligne (carte p. 153).

Le barrage eut deux grands buts : empêcher les franchissements et déclencher le plus rapidement possible l'alerte en cas de passage afin de boucler la zone et prendre au piège les combattants de l'ALN.

Le barrage était composé d'une clôture électrifiée sous haut voltage continu avec des postes de contrôle permettant de signaler les coupures signifiant un passage. Cette clôture était doublée par un réseau de fil de fer barbelé miné, et par une piste parcourue jour et nuit par des unités de cavalerie désignées sous le nom de « herse ». Sur la frontière tunisienne, le barrage avait une longueur de 460 km et sur la frontière marocaine 700 km[122].

Dans la zone de l'est Constantinois qui était commandée par le général Vanuxem, tous les passages en force échouèrent et les *katibas* qui les tentèrent furent toutes détruites. Dans la partie centrale de la ligne Morice, dans la région de Montesquieu (carte p. 153), là où le barrage était le plus faible, ce furent les unités de la « herse » qui empêchèrent les franchissements.

Le résultat fut que les maquis de l'intérieur se trouvèrent dans une situation critique faute de ravitaillement, notamment en munitions[123]. L'état-major de l'ALN tenta alors une manœuvre consistant à attaquer la ligne Morice sur toute sa longueur, en

122 • Pour tous les détails concernant le barrage, voir Guy Pervillé (2004).

123 • L'ALN avait divisé l'Algérie en six régions militaires ou *wilaya*, subdivisées en secteurs ou *mintaqa*. La *wilaya I* était celle des Aurès, la *wilaya II* celle du nord constantinois, la *wilaya III* celle des Kabylies, la *wilaya IV* celle de l'Algérois, la *wilaya V* celle de l'Oranie et la *wilaya VI* celle du sud algérien. La *wilaya VII* était celle de France métropolitaine. Sur les six *wilaya* d'Algérie, voir, entre autres, Gilbert Meynier (2002) et Jean-Louis Gérard (2001) et sur la *wilaya VII*, voir Ali Haroun (2012).

lançant à l'assaut des milliers de combattants afin de saturer les unités d'intervention et les contraindre à se disperser.

Une opération fut ainsi lancée dans la nuit du 29 au 30 avril 1958 dans le secteur de Souk Ahras où le principal choc fut supporté par le 9è RCP (Régiment de Chasseurs parachutistes, un régiment composé d'appelés du contingent), commandé par le colonel Buchoud. Lors des combats, la 3è compagnie du régiment fut encerclée par des *fellaghas* ayant fait mine de se rendre et mitraillée à bout portant. Son chef, le capitaine Beaumont et 28 de ses hommes furent tués, 28 autres blessés, mais la *katiba* fut détruite[124]. Dans la nuit du 30 avril au 1er mai, une seconde *katiba* força le barrage au même endroit, mais le 2e REP (Régiment étranger de parachutistes) l'intercepta et la détruisit.

En six jours, du 28 avril au 3 mai, l'ALN eut 620 tués et les Français 33 morts. Du 21 janvier au 28 mai 1958, la *bataille des frontières* fit au total 2 400 morts et 300 prisonniers dans les rangs de l'ALN et 279 morts et 758 blessés du côté français.

À partir de ce moment, les maquis de l'intérieur ne reçurent plus de renforts et ils connurent de gros problèmes de ravitaillement[125]. L'ALN de l'extérieur n'étant plus en mesure de les aider, ils ne furent bientôt plus que résiduels, avant d'être éliminés par le plan Challe.

Le plan Challe, du nom du commandant en chef qui succéda au général Salan au mois de décembre 1958, fut mis en pratique de 1959 à 1961. Les populations qui étaient sous le contrôle des nationalistes furent regroupées et les zones qui étaient les bastions de l'ALN systématiquement ratissées, puis quadrillées. Les maquis

124 • Pour tous les détails concernant ces combats, voir le site internet Promotion Capitaine Beaumont (192è promotion de l'Ecole Spéciale de Saint-Cyr, 2005-2008).

125 • Une ultime tentative de franchissement en force eut lieu en novembre-décembre 1959 quand 2 500 combattants se lancèrent à l'assaut du barrage ; 800 d'entre eux réussirent à le franchirent mais tous furent tués par les unités d'intervention qui les interceptèrent.

de l'intérieur furent asphyxiés et contraints de se disperser pour ne pas être détruits. Obligés de sortir de la clandestinité pour se ravitailler, ils furent alors à la portée des commandos de chasse.

Le plan Challe permit d'éliminer à la fois les unités militaires de l'ALN opérant à l'intérieur du territoire algérien et de détruire l'organisation politico-administrative du FLN. Son bilan fut de 26 000 combattants tués et de près de 11 000 prisonniers, ce qui eut un effet considérable sur le moral de l'ALN isolé de ses bases tunisiennes et marocaines par les barrages de la ligne Morice.

## De Gaulle et la fin du « fardeau algérien »

Ce fut alors que l'armée française était victorieuse sur le terrain que le général De Gaulle, revenu au pouvoir pour maintenir l'Algérie dans le giron français, entama au contraire le processus qui allait conduire le pays à l'indépendance.

Les raisons de ce revirement ont été maintes fois discutées (Venner 2005) et parmi elles, deux semblent dominer :

1 - Le souci de préserver l'identité française menacée par une politique d'intégration :

« Nous sommes quand même avant tout un peuple européen de race blanche, de culture grecque et latine, et de religion chrétienne. Essayez d'intégrer de l'huile et du vinaigre. Agitez la bouteille. Au bout d'un moment, ils se sépareront de nouveau. Les Arabes sont les Arabes, les Français sont les Français. Vous croyez que le corps français peut absorber dix millions de Musulmans, qui demain seront peut-être vingt millions et après-demain quarante ! » (Cité par Stora, 1999).

# La guerre d'Algérie ne s'est pas terminée le 19 mars 1962

Enlèvements d'Européens le 5 juillet 1962 à Oran.
Photos de disparus victimes d'enlèvements.

Les quatre photos montrent comment furent opérées les rafles de civils européens.
Les hommes furent égorgés et les femmes mises dans des bordels (Jordi, 2011 ; Monneret, 2016 ; Mathias, 2014).

# La guerre d'Algérie ne s'est pas terminée le 19 mars 1962

❶

Les cadavres de certains de ces civils furent retrouvés dans des charniers (photos 1, 2, 3).
D'autres furent égorgés sur place, dans la rue, sur le lieu de leur enlèvement.

❸

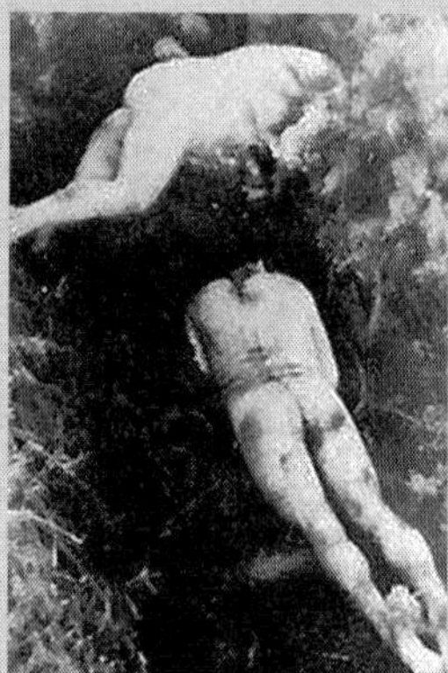

❹

❷

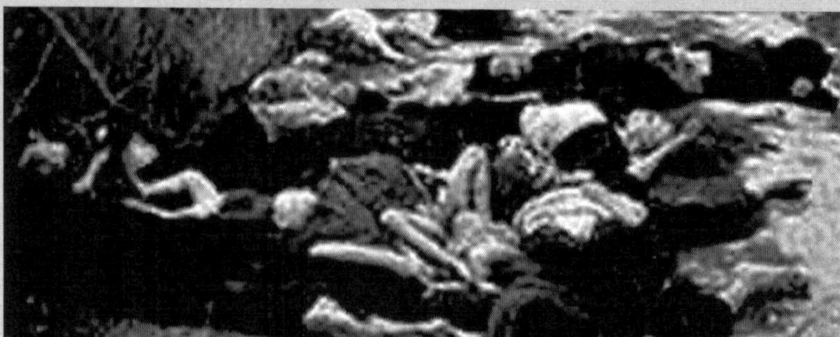

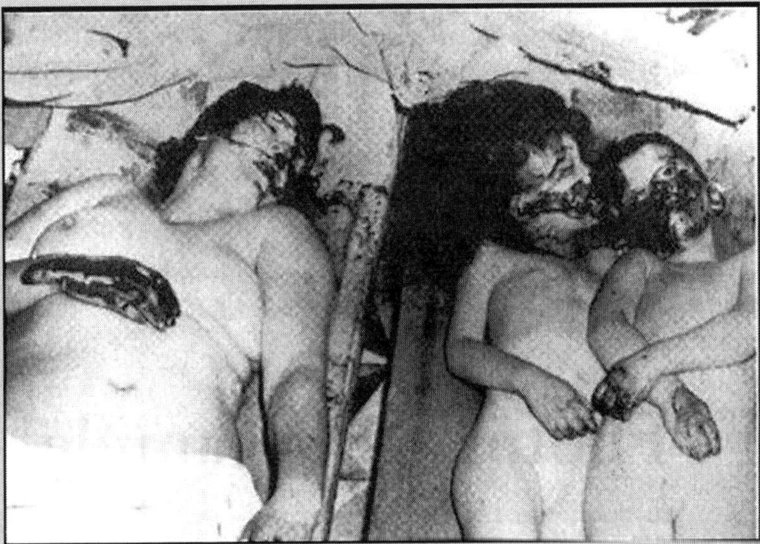

Début mars 1962, à Mers el-Kébir, une mère de famille, madame Ortega et ses deux enfants égorgés.

Harki égorgé et éviscéré.

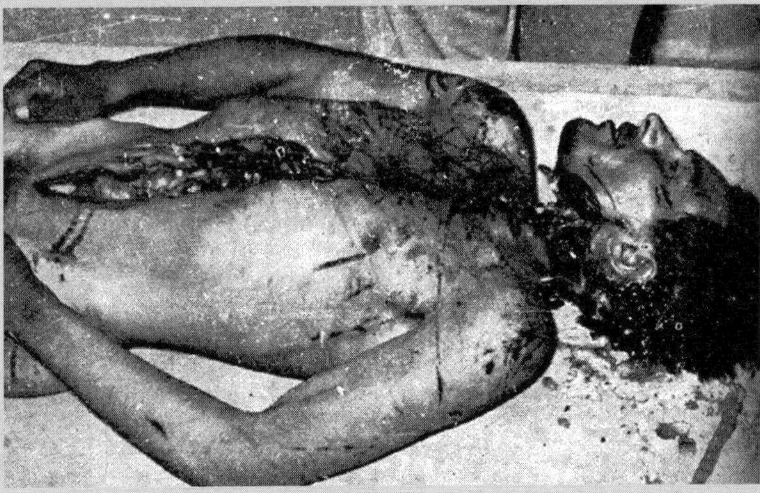

2 - La volonté d'en finir avec le fardeau économique algérien,

> « [...] cette affaire (qui) nous absorbe et nous paralyse, alors que nous avons tant de choses à réaliser chez nous et ailleurs »[126].

Ainsi, pour le chef de l'État, l'Algérie n'était plus qu'une « affaire » qu'il convenait de terminer au plus vite afin de pouvoir redéployer les moyens de la France sur d'autres terrains.

Par le référendum du 8 janvier 1961[127], les Français entérinèrent la politique décidée par le général De Gaulle au sujet de l'Algérie. Tout alla ensuite très vite avec le putsch d'avril 1961, le début des négociations au mois de mai 1961, la lutte désespérée de l'OAS (*Organisation armée secrète)*[128] qui représenta le dernier espoir des Européens d'Algérie[129].

126 • Lettre du général De Gaulle à son fils, 21 janvier 1962. Citée par Jean Lacouture (1993 : 252).

127 • En métropole, le « oui » obtint 75,25 % et le « non » 24,74 %. En Algérie, le « oui » recueillit 69,09 % des suffrages et le « non » 31 %.

128 • Pour une vision de l'OAS depuis l'« intérieur » voir www.algerie-francaise.org, chapitre OAS.

129 • La bibliographie concernant l'OAS est aussi importante que partielle. Pour l'histoire d'ensemble du mouvement, on se reportera, entre autres, à Collectif (1964), Sergent (1972), Harrison (1989), Duranton-Crabol (1996), Déroulède (1997), Fleury (2002), Kauffer (2002), Dard (2005), Perez (2008), et Legendre-Susini (2012). Pour les commandos Delta, voir Guibert (2000) ; pour les divers réseaux de l'OAS ou pour des études régionales, on consultera Reimbold (1966) ; pour la ville d'Oran, Micheletti (2003) et pour l'OAS-Métro, Lehmann (2004) et Brun (2008). Pour ce qui est des connexions internationales de l'OAS, voir Dard et Pereira (2013).

**Le bilan humain de la guerre**[130]

Au total cumulé, et concernant les troupes d'origine européenne, 317545 militaires d'active et 1101580 appelés ont servi en Algérie, et non 2 à 3 millions comme il est souvent écrit.

Les pertes furent les suivantes :

ALN ........................ 143500

Armée française ............ 24614[131]

Le nombre des harkis et autres supplétifs assassinés après le 19 mars 1962 est compris entre 60000 et 80000 (Faivre, 1995 et 1996).

Les pertes civiles causées par le FLN furent de 33337 personnes de novembre 1954 au 19 mars 1962 :

Européens ...... 2788 tués ........ 875 disparus ........ 7541 blessés

Musulmans ...... 16378 tués ...... 13296 disparus ...... ? blessés

Après le 19 mars 1962, plusieurs milliers d'Européens furent enlevés et la plupart assassinés (Monneret, 2001 et 2006 ; Jordi, 2011 ; Mathias, 2014).

Le 18 mars 1962, à 17h40, la France et une délégation du GPRA (*Gouvernement provisoire de la République algérienne*) signèrent les *accords d'Évian*. Le même jour, le général Ailleret, commandant en chef en Algérie donna l'ordre de cessez-le-feu aux unités françaises ; puis, le 8 avril, par référendum, les Français ratifièrent les *accords d'Évian* par 90,80 % de « oui ».

130 • Les chiffres détaillés des effectifs et des pertes avec la référence aux sources tirées des fonds d'archives militaires et diplomatiques sont donnés par le général Maurice Faivre (1996).

131 • Dont 7 917 par accident et 1 114 par maladie donc 15 583 au combat.

La population de souche européenne fut ensuite l'objet d'une véritable persécution de la part de certaines unités de la gendarmerie mobile française, tandis que les musulmans pro-Français étaient massacrés par les nouveaux maîtres de l'Algérie.

Côté FLN, les *Accords d'Évian* ne furent pas acceptés par l'armée des frontières commandée par Houari Boumediene. Pour ce dernier, il s'agissait d'un compromis alors qu'il aurait voulu une victoire qu'il aurait d'ailleurs été bien incapable d'obtenir. Le fond du problème était l'opposition totale entre le GPRA et l'EMG (état-major général) ou armée des frontières, dont la force était intacte car elle n'avait pas combattu l'armée française ; ce fut d'ailleurs elle qui profita du vide politique laissé par le départ de la France et qui s'imposa aux survivants des maquis de l'intérieur.

Le 1er juillet par 99,72 % des voix, les Algériens se prononcèrent pour l'indépendance. Le 2 juillet 1962, Paris reconnut les résultats de ce vote et remit tous les pouvoirs à Abderahmane Farès, chef de l'exécutif provisoire. Jean-Marcel Jeanneney fut désigné comme premier ambassadeur de France en Algérie.

Au début du mois de juillet 1962 eut lieu la première grande épuration ethnique d'après le second conflit mondial avec l'exode de la quasi-totalité de la population de souche européenne, soit 1,1 million de personnes. Elle fut menée avec méthode par ceux des nationalistes algériens qui considéraient que les Français vivant en Algérie n'étaient que des résidents occasionnels et qu'une présence de plus de cent trente ans ne légitimait pas un droit définitif à l'installation. Pour la plupart des dirigeants nationalistes algériens, l'indépendance véritable ne pouvait en effet se concevoir avec le maintien sur place de plus d'un million d'Européens majoritaires dans les deux principales villes du pays, Alger et Oran.

Devant faire montre de raison lorsqu'ils avaient négocié avec les émissaires français, les « dirigeants FLN » avaient accepté des clauses de garanties pour ces derniers. Cependant, par une politique de terreur parfaitement organisée à travers de nombreux enlèvements, notamment à Oran[132] et dans la périphérie d'Alger[133], le FLN réussit à rendre caduques les clauses des *accords d'Évian* qui prévoyaient que les « pieds-noirs » pouvaient rester en Algérie.

Le résultat fut qu'en quelques semaines, la quasi-totalité des Européens quitta l'Algérie puisque ceux qui étaient chargés de les protéger étaient réduits au rôle de spectateurs indifférents voire, devenaient de facto, les complices de leurs bourreaux.

Plus de cinquante ans après les faits, la vérité sur un épisode particulièrement horrible de la guerre d'Algérie est désormais attestée et cela, grâce aux recherches de deux historiens qui ont pu exploiter des archives officielles françaises jusque-là fermées.

Après avoir dépouillé 12 000 documents classés « secret » et « secret confidentiel », Jean-Jacques Jordi (2011) décrit les enlèvements, viols, tortures et massacres de civils européens – le plus souvent sous les yeux des forces françaises –, par le FLN. Il montre que cette politique de terreur parfaitement organisée eut pour but de vider l'Algérie de sa population française et que ce fut la première épuration ethnique de l'après Seconde Guerre mondiale.

132 • Dans cette ville, les événements furent particulièrement dramatiques, surtout durant la journée du 5 juillet 1962 où le « pire » fut évité uniquement parce que certaines unités appartenant notamment aux 8e RIMA (Régiment d'infanterie de Marine), aux 2e et 4e Zouaves et au 5e RI intervinrent sans ordres afin de tenter de sauver les Européens.
133 • Monneret (2006) et Jordi (2011).

De son côté, Grégoire Mathias (2014) révèle la fin atroce de quarante Européens enlevés pour être utilisés comme « donneurs de sang ».

L'enlèvement par le FLN de ces civils européens entre les mois de mai et de juillet 1962, de ces femmes et jeunes filles enfermées dans des bordels, était connu grâce aux témoignages de certains survivants évadés et dont les témoignages n'avaient jamais été jugés crédibles. Les documents produits par Jean-Jacques Jordi et Grégoire Mathias montrent qu'ils disaient vrai.

# Chapitre IX

## Le 17 octobre 1961 à Paris : un massacre imaginaire?

Depuis 1991, la gauche française organise chaque année à Paris une cérémonie à la mémoire des « martyrs algériens » du 17 octobre 1961. En 2011, M. Bertrand Delanoë, maire de la ville, dévoila une plaque sur le pont Saint-Michel sur laquelle sont gravées les lignes suivantes : « *De ce pont, et d'autres points de la région parisienne, des manifestants algériens furent jetés dans la Seine le 17 octobre 1961, victimes d'une répression aveugle. À leur mémoire, le 17 octobre 2011* ». En 2011 encore, François Hollande, alors candidat à la présidence de la République lança une gerbe de fleurs à la Seine en hommage à ces « victimes » réputées y avoir été noyées. Une fois élu, il a reconnu la réalité d'une « répression sanglante », et a rendu hommage à la « mémoire des victimes »[134].

Que s'est-il donc passé à Paris le 17 octobre 1961 ? Revenons sur le contexte : la guerre d'indépendance algérienne qui en était à sa septième année se déroulait également en métropole car, le :

> « [...] FLN, après avoir perdu les batailles d'Alger et des frontières (voir pages 167 et 170), et se sentant humilié par les fraternisations de mai 1958, (avait) décidé le 28 août 1958 de transporter la guerre en territoire français » (Faivre, 2011).

134 • Le 26 octobre 2016, soixante-dix-huit députés socialistes et communistes ont déposé un projet de loi comportant l'unique article suivant : « La France reconnaît publiquement sa responsabilité dans le massacre causé par la répression de la police française le 17 octobre 1961 à Paris, de manifestants algériens réclamant l'indépendance de leur pays ». Parmi les signataires, Patrick Menucci, Benoît Hamon et Kader Arif, ancien ministre des Anciens combattants.

Paris, un pont sur la Seine. Quand la question des noyades devient un dogme.

La campagne de France menée par le FLN provoqua des milliers de morts[135]. C'est ainsi que 10 223 attentats y furent commis entre le 1er janvier 1956 et le 23 janvier 1962. Pour le seul département de la Seine, entre le 1er janvier 1956 et le 31 décembre 1962, 1 433 Algériens opposés au FLN furent assassinés et 1 726 autres blessés (Valat, 2007 : 27-28). Au total, de janvier 1955 au 1er juillet 1962, en Métropole, le FLN assassina 6 000 Algériens[136] et en blessa 9 000 autres.

La police, grâce en partie aux « calots bleus », les harkis de la préfecture de police de Paris[137], démantela les réseaux, réduisit à néant l'appareil opérationnel clandestin du FLN en France[138]. Afin d'empêcher ce dernier de prendre le contrôle

135 • Pour l'histoire de la Fédération de France du FLN, on se reportera à Linda Amiri (2014).

136 • Certaines victimes furent égorgées, d'autres tuées par balles et nombreuses furent celles qui furent noyées dans la Seine ou dans la Marne.

137 • Ces policiers auxiliaires qui furent assimilés à la gestapo par les « Frères des Frères » payèrent un lourd tribut au terrorisme.

138 • On se reportera pour le bilan des opérations et à leurs détails au livre de Rémy Valat ( 2007).

de la population algérienne vivant en métropole, le 5 octobre 1961, un couvre-feu relevant d'un choix opérationnel dans un contexte de guerre fut imposé aux Algériens afin de gêner les communications des réseaux du FLN et l'acheminement des armes vers les dépôts clandestins.

Totalement asphyxié, le FLN décida alors d'organiser une manifestation devant converger vers la Place de la Concorde et l'Élysée afin de peser sur les pourparlers de paix qui avaient alors lieu à Évian et :

> « [...] en pleine connaissance de cause, il décida de lancer 20000 manifestants sur le pavé parisien pour protester contre le couvre-feu [...] L'itinéraire des cortèges qui vise des lieux symboliques de la capitale, dont la préfecture de police et les Champs-Élysées en raison de leur proximité avec le palais présidentiel, est prémédité de manière à susciter une réaction optimale des forces de l'ordre » (Valat, 2009 : 11).

Comme le montre le rapport Mandelkern[139], cette action médiatique surprit les autorités françaises. Assaillis de toutes parts, les 1 658 hommes des forces de l'ordre rassemblés en urgence, et non les 7000 comme cela est trop souvent écrit, firent preuve d'un sang-froid se traduisant par un bilan des pertes « insignifiant » dans de telles circonstances.

139 • « Rapport sur les archives de la Préfecture de police relatives à la manifestation organisée par le FLN le 17 octobre 1961 ».Rapport établi à la demande du Premier ministre, M. Lionel Jospin et remis au mois de janvier 1998 par M. Dieudonné Mandelkern président de section au Conseil d'État, président ; M. André Wiehn, Inspecteur général de l'administration ; Mme Mireille Jean, Conservateur aux Archives nationales ; M. Werner Gagneron, Inspecteur de l'administration. En ligne sur le site de la Documentation française.

Policiers, gendarmes mobiles, CRS et harkis engagés le 17 octobre 1961 à Paris dans une opération de maintien de l'ordre, sont pourtant, sous la plume de militants auto-baptisés « historiens », accusés d'avoir massacré 300 manifestants, d'en avoir jeté des dizaines à la Seine et d'en avoir blessé 2 300.

Or, ces chiffres sont faux, à commencer par le « massacre » lui-même dont la fabrication s'est faite à partir de trois livres :

1 - Celui d'Ali Haroun publié en 1986 est un recueil de souvenirs rédigés par d'anciens responsables de la fédération du FLN en France sous forme d'un plaidoyer militant et valorisant.

2 - Celui de Jean-Luc Einaudi publié en 1991 porte sur la manifestation du 17 octobre 1961 à Paris. L'auteur, un militant marxiste, ancien maoïste, n'avait pas de formation historique, ce qui explique ses nombreuses errances méthodologiques.

3 - S'appuyant sur Haroun et Einaudi, deux universitaires britanniques, Jim House et Neil MacMaster publièrent en 2008[140] un livre dans lequel ils donnent un bilan de 120 morts en passant sous silence la guerre FLN-MNA, ce qui leur permet d'attribuer aux forces de police la totalité des Nord-Africains tués en France[141].

Des auteurs de second rang paraphrasèrent ensuite ces trois

140 • Ce livre a été traduit en français en 2008.
141 • Comme l'a montré Jean-Luc Brunet (2008), rarement un livre à prétention scientifique et écrit par des universitaires aura à ce point dérogé aux règles élémentaires de la déontologie historique. Ces deux auteurs, spécialistes de la « violence coloniale », sont des historiens engagés, militants de la cause anti-raciste. Jim House a ainsi soutenu une thèse sur l'antiracisme et le discours antiraciste en France de 1900 à nos jours ; quant à Neil Mac Master, il a publié en 1997 un livre intitulé *Colonial Migrants and Racism: Algerians in France* (1900-1962).

ouvrages, répétant les mêmes arguments pourtant réduits à néant par les travaux historiques.

Dans ces publications, l'on retrouve en effet les mêmes chiffres, les mêmes cadavres inventés et une constante inflation du nombre de morts (jusqu'à 325 manifestants tués) ; des hommes auraient été jetés et noyés dans la Seine par dizaines, etc. Les auteurs de ces livres jouent sur les dates car ils ajoutent aux morts « avérés » du 17 octobre, ceux des jours précédents, ce qui n'a, à l'évidence aucun rapport avec la manifestation et sa « répression ». Ces auteurs additionnent ainsi les décès postérieurs au 17 octobre, sans chercher à voir s'ils sont la conséquence de blessures reçues ce jour-là ou d'autres causes. Pour eux, tout Algérien mort de mort violente durant le mois d'octobre est une victime de la « répression policière » du 17 octobre.

Ces auteurs parlent aussi de cimetières clandestins et de charniers dont nulle trace n'a jamais été retrouvée. Des insinuations assassines sont également faites à la manière de Benjamin Stora qui, dans un entretien au *Nouvel Observateur* (Grand reporters.com janvier 2003), cite Omar Boudaoud, un des responsables de la manifestation du 17 octobre 1961, lequel parle de « pendaisons dans le Bois de Vincennes et (d') une Seine remplie de cadavres ». Benjamin Stora ne fait certes que citer des déclarations, mais il ne les rectifie pas...

Autre élément du dossier, les « noyades » dans la Seine dont nous savons qu'elles furent « inventées » le 31 octobre, donc postérieurement à la manifestation, dans un tract du FLN repris et popularisé par le parti communiste qui en fit une « vérité » devenue histoire officielle.

Nous sommes même en présence d'un détournement de preuve car le parti communiste attribue à la police des noyades qui furent provoquées par le FLN. C'est ainsi qu'entre le 1er et le 31 octobre 1961, l'Institut Médico Légal reçut 34 cadavres de « N.A » (Nord-africains selon la terminologie de l'époque) qui avaient été retirés de la Seine ou de la Marne, notamment aux barrages de Suresnes et de Bezons. Or, les enquêtes policières ont montré qu'il s'agissait pour la plupart d'Algériens assassinés par le FLN.

**Témoignage du journaliste Manuel Gomez[142].**

« À l'époque j'appartenais à la rédaction du quotidien *l'Aurore* et j'ai enquêté dès le lendemain du 17 octobre auprès de la morgue et des services hospitaliers, également auprès des établissements et des riverains qui longeaient la Seine [...]. Il n'y eut cette nuit du 17 octobre aucune intervention anormale des pompiers parisiens, ni de police secours, ni de la Croix rouge, ni d'aucun service d'ambulance. Aucun service d'urgence des hôpitaux de Paris et de la banlieue n'a reçu un afflux anormal de blessés[143] [...]. Toutes les urgences et même les cliniques privées auraient dû être totalement débordées. Où sont donc passés ces 2 300 blessés ? [...] Il paraîtrait qu'ils auraient été jetés dans la Seine en même temps que les 300 morts ! L'enquête menée auprès des barrages en aval de Paris n'a révélé aucune découverte de noyés. Pourtant, 300 corps ne se dissolvent pas dans l'eau de la Seine. Les berges sur des kilomètres auraient dû être parsemées de cadavres, mais aucun riverain n'en a signalé ».

142 • Tribune libre de Manuel Gomez en date du 18 octobre 2012. A l'époque des faits, Manuel Gomez était journaliste au quotidien l'Aurore.

143 • Le chiffre de 2 300 blessés est couramment avancé par les amis du FLN.

Cette histoire « officielle » des « massacres » du 17 octobre 1961 fut déconstruite en trois grandes étapes :

1 - En 1998, le Premier ministre de l'époque, le socialiste Lionel Jospin, constitua une commission présidée par le conseiller d'État Dieudonné Mandelkern et chargée de faire la lumière sur ces évènements. Fondé sur l'ouverture d'archives jusque-là fermées, le rapport remis par cette commission fit largement litière des accusations portées contre la police française[144].

2 - En 1999, Jean-Paul Brunet, universitaire spécialiste de la période contemporaine, publia un livre très documenté qui fit voler en éclats la thèse de Jean-Luc Einaudi (1991). Après inventaire dressé par la commission Mandelkern, Jean-Paul Brunet fut en effet autorisé à travailler sur les archives de la préfecture de police se rapportant aux évènements du mois d'octobre 1961 et sans devoir attendre le délai légal de soixante ans.

3 - En 2003, Jean-Paul Brunet publia un nouveau livre dans lequel il acheva de réduire à néant l'argumentaire et la méthodologie de Jean-Luc Einaudi (1991, 2001). Reprenant à la source les éléments sur lesquels repose l'histoire « officielle » du 17 octobre 1961 :

- Il démontre que le rapport de police faisant état de 140 morts le 17 octobre – document qui sert de point de départ à Einaudi et consorts –, n'a jamais existé.
- Il reprend la liste des morts que publie Einaudi, montrant que la majorité des décès cités remonte à des dates antérieures à la manifestation du 17 octobre.
- Il montre comment Einaudi a manipulé les chiffres en

144 • Voir plus haut la note infrapaginale n° 139

additionnant les cadavres non identifiés reçus à l'IML (*Institut médico-légal, la Morgue*) au nombre des disparus et à celui des Algériens transférés administrativement en Algérie après qu'ils eurent été arrêtés le 17 octobre.

• Il établit qu'Einaudi a compté plusieurs fois les mêmes individus dont il orthographie différemment les noms.

• Il réduit à néant le postulat des dissimulations de cadavres.

Sa conclusion concernant Einaudi est particulièrement sévère:

> « [...] quand à ces déficiences se joint une passion militante débridée, un esprit de « repentance » » aveugle qui aboutit à mettre au compte de la police française tous les crimes du FLN et à multiplier par huit ou dix le nombre des Algériens tués le 17 octobre 1961, la catastrophe est totale » (2003b : 40).

En définitive, trois points sont aujourd'hui, établis :

1 - Le 17 octobre, alors que se déroulait dans Paris un « massacre », l'*Institut Médico Légal* n'a enregistré aucune entrée de corps de « NA »[145].

Il n'y a pas eu davantage de cadavres de manifestants déposés à la morgue les jours qui suivirent la manifestation du 17 octobre 1961. Le *Graphique des entrées de corps « N.A » (Nord-africains) par jour. Octobre 1961, à l'Institut médico Légal de Paris* nous apprend en effet que du 1er au 30 octobre 1961, 90 corps de « N.A », ont été enregistrés, la plupart étant d'ailleurs des victimes du FLN. Plus exactement encore, entre le 18 et le 21 octobre, soit dans les jours qui suivirent la manifestation du 17 octobre, « seuls » 4 cadavres de « NA » furent admis à la Morgue, et ils n'avaient pas de lien avec la manifestation du 17 octobre. Ainsi :

145 • N.A= Nord Africains dans la terminologie de l'époque.

• Le 18 octobre, deux cadavres furent accueillis à l'IML, celui d'Achour Belkacem, tué par un policier invoquant la légitime défense et celui d'Abdelkader Benhamar mort probablement (?) dans un accident de la circulation à Colombes.

• Le 20 octobre, un seul cadavre fut déposé à l'IML, celui d'Amar Malek tué par balles par un gendarme.

• Le 21 octobre celui de Ramdane Mehani, mort dans des circonstances inconnues.

Au total, du 17 au 21 octobre, 4 cadavres de « NA » furent donc admis à l'IML dont deux ou trois peuvent être imputés aux forces de police, mais qui, dans tous les cas, ne sont pas liés à la manifestation du 17 octobre.

Nous voilà donc bien loin des 300 morts avancés par certains. Ce chiffre de 300 cadavres étant d'ailleurs celui de tous les corps (308 exactement) de « NA » entrés à l'IML durant toute l'année 1961.

Nous touchons là du doigt le cœur de la manipulation, les amis du FLN ayant réussi à faire croire que les 308 morts de toute l'année 1961 étaient ceux de la « répression » de la seule manifestation du 17 octobre… Pour les trois seules journées des 1er, 2 et 3 octobre 1961, 24 corps de « N.A » entrèrent à l'IML, chiffres à comparer avec ceux de l'IML pour la plage chronologique correspondant à la manifestation du 17 octobre 1961 dont on nous dit qu'elle aboutit à un massacre…

De plus, comme l'ont montré les investigations de la police, la plupart de ces malheureux étaient des victimes de la guerre inexpiable que le FLN menait contre ses opposants algériens partisans de l'Algérie française ou du MNA de Messali Hadj (Valette, 2001). Ainsi :

> «[...] de nombreux cadavres de Nord-Africains, parmi les 140 qui ont été enregistrés à l'Institut médico-légal en septembre et en octobre 1961, n'ont aucun rapport avec la police parisienne. Certains sont ceux de harkis ou d'anciens harkis, de membres ou d'anciens membres du Mouvement national algérien (MNA) de «traîtres» divers refusant d'obéir aux directives du FLN ; anciens combattants de l'armée française, maris de métropolitaines refusant de le rejoindre ; Algériens n'acceptant pas de payer la capitation mensuelle exigée par le Front ; Algériens rétifs à la loi coranique, par exemple s'adonnant à la boisson et refusant de s'amender, ou faisant appel aux tribunaux français pour régler un litige, etc.» (Brunet, 2008).

2 - Il n'y eut pas de victimes relevées sur le parcours et dans la périphérie de la manifestation.

Le 18 octobre, à 04 heures du matin, le bilan qui parvint à Maurice Legay le directeur général de la police parisienne était de 3 morts[146] (Brunet, 2008b). Cependant, sur ces trois victimes, une seule avait été relevée dans le périmètre de la manifestation et il ne s'agissait pas d'un Algérien, mais d'un Français nommé Guy Chevalier, tué vers 21 heures devant le cinéma REX, crâne fracassé.

Quant aux deux autres morts, il s'agissait d'Abdelkader Déroues, tué par balle à Puteaux et de Lamara Achenoune lui aussi tué par balle puis étranglé et dont le corps fut retrouvé dans une camionnette, également à Puteaux. Rien ne permet de dire que ces deux hommes furent tués par les forces de l'ordre ou que leur mort ait eu un lien avec la manifestation du 17 octobre. Plus généralement :

146 • Plus 1 200 blessés et 11538 arrestations (Brunet, 2008b).

« Quand nous analysons les divergences entre les chiffres établis sérieusement et ceux des amis du FLN, nous retombons toujours sur cette différence de périmètre : les amis du FLN essaient d'englober, dans le nombre des victimes du 17 octobre, d'autres morts ayant eu lieu à des dates fort éloignées, et même tous les Algériens tués en France métropolitaine en 1961. Ce qui revient à escamoter les autres causes de l'hécatombe d'Algériens cette année-là (hécatombe qui est avérée). Ce qui revient à escamoter les victimes de la guerre FLN/MNA » (Ségurane, 2011).

3 - Un seul mort : Guy Chevalier

Le nombre des victimes de la « répression » de la manifestation du 17 octobre 1961 est de 3 selon la Préfecture de police, de 7 selon le rapport Mandelkern, de 14 à 31 selon Brunet[147], de 48 selon Jean Géronimi [148] et de 325 selon Einaudi.

Le *Rapport Mandelkern* étant d'une grande précision, revenons aux chiffes et aux détails qu'il contient et qui portent sur 7 morts avérés, non pour le seul 17 octobre, mais pour cinq jours, soit du 17 au 21 octobre 1961, à savoir :

147 • Brunet (2008) parle de 31 tués dont 14 « certains », 8 « vraisemblables », 4 « probables » et 6 « possibles », ce qui veut dire que 18 d'entre eux pourraient être totalement étrangers à la manifestation. De plus, il faut bien avoir à l'esprit que ces morts ne sont pas considérés comme étant des victimes du seul 17 octobre. Voir à ce sujet les mises au point de Catherine Ségurane (2010, 2011a et 2011b).
148 • Le 5 mai 1999, Jean Géronimi, avocat général à la Cour de cassation remit un rapport demandé par le ministre de la Justice, Madame Elisabeth Guigou dans lequel il donnait un chiffre de 48 morts de Nord Africains, non pas pour le seul 17 octobre, mais pour tout le mois d'octobre 1961. Ce rapport n'a donc pas grand intérêt pour les historiens car il englobe tous les Algériens morts durant cette période, qu'il s'agisse des victimes du FLN, notamment ce commerçant ayant ouvert sa boutique en dépit des ordres de fermeture, de certaines morts naturelles et de possibles victimes de la police. Ce même rapport donne le chiffre de 246 Algériens morts de mort violente durant l'année 1961, dont 141 avant le 17 octobre et 72 après le 19 octobre, 33 n'ayant pu être identifiés.

- Le 17 octobre : 3 morts, soit un dans le périmètre de la manifestation, Guy Chevalier et 2 hors du périmètre de la manifestation, Abdelkader Deroues et Lamara Achenoune, retrouvés à Puteaux comme nous l'avons vu plus haut.

-Le 18 octobre, donc le lendemain la manifestation : 2 morts, Achour Belkacem, tué par un policier invoquant la légitime défense à Colombes et Abdelkader Bennahar retrouvé vers 22 heures à Colombes portant des blessures à la tête avec possibilité d' écrasement par un véhicule. Ces deux morts sont donc sans lien avec la manifestation du 17 octobre.

-Le 21 octobre : 1 mort, Ramdane Mehani décédé vers 22 h 30 durant son transfert du commissariat du 13e arrondissement au palais des Sports de la porte de Versailles. Le registre de l'IML parle de mort naturelle. Là encore, il n'y a aucun lien avec la manifestation du 17 octobre.

Sur les 7 morts comptabilisés dans le *Rapport Mandelkern*, 6 n'ont donc pas de lien avec la manifestation du 17 octobre.

En définitive, la seule victime retrouvée morte dans le périmètre de ladite manifestation étant Guy Chevalier, une victime française, la conclusion qui pourrait s'imposer serait que **le « massacre » des Algériens le 17 octobre 1961 à Paris n'aurait fait aucun mort algérien…**

**Ce que dit le Rapport Mandelkern.**

«Pour la période comprise entre le 17 octobre et le 31 décembre 1961, 88 corps de Nord-Africains (des FMA pour la plupart[149]), sont entrés à l'IML. De l'avis de la mission, le cas de 25 de ces cadavres appelle une analyse plus poussée. Pour ces cadavres, en effet, la date présumée de la mort ou ses circonstances, telles qu'elles ressortent du registre d'entrée, complété, le cas échéant, par les enquêtes de la police judiciaire[150], ne permettent pas d'exclure tout lien avec les manifestations.

On relèvera que 22 de ces cadavres avaient fait, à l'époque, l'objet d'enquêtes judiciaires, mais aucune d'entre elles n'a conclu à une relation avec les évènements de la mi-octobre. Il n'en reste pas moins troublant que, dans quelques cas, la date du décès ou de la disparition coïncide avec la date des manifestations.

Reste à savoir si certains de ces cadavres auraient pu être transportés à l'IML à l'époque des manifestations d'octobre et échapper de ce fait aux bilans officiels. L'hypothèse est difficile à prendre en considération, réserve faite de cadavres qui auraient été découverts en aval de la Seine, hors du ressort de la préfecture de police, ou qui ne seraient pas remontés à la surface. C'est précisément pour explorer cette dernière éventualité que la mission a consulté les dossiers des successions musulmanes du Fonds d'action sociale (FAS), que ce service constituait à l'époque -dossiers de nature à aider les investigations puisqu'ils contenaient, en principe, entre autres documents, les bulletins de décès des travailleurs algériens en métropole. Mais ces bulletins n'existent pas toujours, ou sont muets sur les causes du décès: on peut le comprendre, puisque celles-ci n'avaient pas d'intérêt au regard de l'objet des dossiers.

149 • FMA= Français musulmans Algériens.

150 • Pour ces décès, comme d'ailleurs pour tout Algérien mort de mort violente, le Parquet de Paris avait instruction d'ouvrir une procédure d'enquête dont les traces ont été retrouvées et exploitées.

Les vérifications entreprises n'ont donc pas été concluantes.

Sous les réserves exprimées ci-dessus, le registre d'entrée de l'Institut médico-légal constitue ainsi la source administrative la plus complète, donc la plus fiable, sur les décès survenus au cours de la période considérée ».

Traduction :

1~Sur les 88 cadavres de la période allant du 17 octobre au 31 décembre 1961, seuls 25 posent un problème.

2~Or, les enquêtes judiciaires ont montré que sur ces 25 morts, 22 n'ont aucun lien avec la manifestation du 17 octobre.

3~Cette manifestation aurait donc pu faire, au maximum 3 victimes. Cependant, et nous l'avons vu, deux des trois morts dont il est question et dont nous avons évoqué les cas, à savoir Abdelkader Deroues et Lamara Achenoune, ne furent pas tués par la police.

Seul demeurerait donc le cas de Guy Chevalier.

# Chapitre X

# La France a-t-elle pillé l'Algérie ?

Le régime algérien accuse la France d'avoir pillé l'Algérie et de s'y être enrichie. Cette affirmation est devenue un dogme imposé en France par la pensée unique.

Un bilan comptable en forme de question s'impose donc : quel héritage matériel la France a-t-elle laissé à l'Algérie au mois de juillet 1962 quand elle y a amené son drapeau ?

En 1962, en donnant l'indépendance à l'Algérie, la France y laissait :

- 54 000 kilomètres de routes et pistes, 80 000 avec les pistes sahariennes, dont 31 routes nationales dont près de 9000 kilomètres étaient goudronnés ;
- 4 300 kilomètres de voies ferrées ;
- 4 ports équipés aux normes internationales, 23 ports aménagés dont 10 accessibles aux grands gargos et 5 qui pouvaient être desservis par des paquebots ;
- 34 phares maritimes.
- Une douzaine d'aérodromes principaux ;
- Des centaines d'ouvrages d'art (ponts, tunnels, viaducs, barrages, etc.) ;
- Des milliers de bâtiments administratifs, de casernes, de bâtiments officiels ;

- 31 centrales hydroélectriques ou thermiques ;
- Une centaine d'industries importantes dans les secteurs de la construction, de la métallurgie, de la cimenterie, etc. ;
- Des milliers d'écoles, d'instituts de formations, de lycées, d'universités ;
- En 1962, plus de 800 000 enfants étaient scolarisés dans 17 000 classes, soit autant d'instituteurs dont un tiers de musulmans ;
- Un hôpital universitaire de 2 000 lits à Alger, trois grands hôpitaux de chefs-lieux à Alger, Oran et Constantine, 14 hôpitaux spécialisés et 112 hôpitaux polyvalents, soit le chiffre exceptionnel d'un lit pour 300 habitants (Goinard, 1986).

Tous ces équipements, toutes ces infrastructures, tous ces établissements ainsi que les personnels qui les faisaient fonctionner avaient été payés par la France avec l'argent et l'impôt des Français.

**Le désenclavement de l'Algérie**

«Comme les légions romaines, les troupes françaises firent des routes là où il n'y avait que des pistes non carrossables et souvent incertaines. À la première voie militaire de 1830, entre Staoueli et Alger, s'en ajoutèrent d'autres dans le Sahel littoral et la Mitidja, vers le camp de Douéra et celui d'Erlon à l'emplacement du futur Boufarik, ainsi qu'une rocade entre onze petits postes retranchés, par Dély-Ibrahim, Tixerain, Birkadem, Kouba, Hussein-Dey, poussant jusqu'à Maison-Carrée. Pour atteindre Médéa, une route fut taillée dans le roc, le long des gorges étroites et abruptes de la Chiffa. Une autre relia Oran à Mers-el-Kebir, en corniche escarpée. Au-dessus des cours d'eau que l'on devait jusqu'alors passer à gué, ou devant lesquels attendre s'ils étaient en crue, des ponts étaient établis, parfois d'abord en bois.

Dès 1836, 400 kilomètres étaient carrossables, dans la seule province d'Alger ; entre cette ville et Dély-Ibrahim, Douéra, circulaient des diligences de quinze places. Puis, sous Randon[151] surtout, le réseau s'étendit. Vers le sud, trois pénétrantes : Alger-Laghouat, Oran-Tlemcen et au-delà, Philippeville-Constantine-Biskra ; une tranversale transalgérienne, Marnia-Tlemcen-Oran-Mostaganem-Relizane-Orléansville-Miliana-Alger-Bougie-Sétif-Constantine-Bône-La Calle. Des routes perpendiculaires à cet axe reliaient Lalla-Marnia à Nemours, Oran à Sidi bel-Abbès, Mostaganem à Mascara et Saïda, Ténès à Orléansville, desservaient Cherchel, reliaent Dellys à Aumale, Djidjelli à Sétif, Bône à Guelma et Souk-Ahras. Enfin, des diagonales, d'Alger sur Téniet-el-Hâd, de Mascara sur Tiaret, de Constantine sur Tébessa, complétaient ce réseau de 3 500 kilomètres plus 734 kilomètres de chemins vicinaux dont 450 étaient empierrés, réalisés par l'armée […] dans ce pays qui avait oublié depuis des siècles l'usage de la roue, les charrois des rouliers commencèrent. » (Goinard, 1986 : 88).

En 1959, toutes dépenses confondues, l'Algérie engloutissait 20 % du budget de l'État français, soit davantage que les budgets additionnés de l'Éducation nationale, des Travaux publics, des Transports, de la reconstruction et du Logement, de l'Industrie et du Commerce.

Ce gouffre économique s'explique. En Algérie, les dépenses publiques s'élevaient en 1955 à 40 % de la production. Comme le développement économique de l'Algérie était insuffisant pour accroître la matière imposable, ce fut en dernière analyse le Trésor métropolitain qui, non seulement assura l'équilibre du

151 • Jacques-Louis, comte Randon gouverneur de l'Algérie de 1851 à 1858.

budget ordinaire de l'Algérie, mais qui prit également à sa charge l'essentiel des dépenses d'investissements. En 1955, la proportion des ressources d'origine métropolitaine dans le financement des plans d'équipement s'élevait ainsi à 84 % (Marseille, 1984 : 148).

Entre 1947 et 1955 l'Algérie reçut de la métropole pour plus de 13 milliards de subventions. Ces dernières, ainsi que les avances sur subventions, représentaient 53 % des recettes ordinaires de l'Algérie.

Pour la France, le fardeau algérien était donc devenu impossible à porter car, en soulageant les misères, en soignant, en vaccinant et en faisant reculer la mortalité infantile, elle avait créé les conditions de la catastrophe.

« En Afrique du Nord, la colonisation française a poussé l'ingénuité – ou la maladresse – jusqu'à favoriser de son mieux les naissances : non seulement par le jeu des allocations familiales, mais aussi par la création d'établissements hospitaliers destinés à combattre la stérilité des femmes. Ainsi, les musulmanes, lorsqu'elles redoutaient d'être répudiées par leurs maris, faute de leur avoir donné des enfants, trouvaient en des centres d'accueil dotés des moyens les plus modernes tout le secours nécessaire pour accéder à la dignité maternelle. Diminuant la mortalité, augmentant la natalité, le progrès finalement multiplie les bouches à nourrir, abaisse le niveau de vie, aggrave la misère. Emancipés de leurs colonisateurs, les pays arriérés gardent les malfaisants bienfaits de la civilisation : sur la lancée, ils continuent à enregistrer trois fois plus de naissances que de décès » (Sédillot, 1965 :71).

Chaque année à partir du lendemain du second conflit mondial, 250 000 naissances étaient comptabilisées en Algérie, soit un accroissement de 2,5 à 3 % de la population, d'où un doublement tous les 25 ans. Or, la France s'était elle-même condamnée à nourrir ces bouches nouvelles et à créer ensuite autant d'emplois puisqu'elle considérait l'Algérie comme une de ses provinces, au même titre que la Bretagne ou que l'Alsace…

La tâche était d'autant plus impossible qu'à partir de 1935 l'Algérie ne fut plus en mesure de nourrir sa population et, seules les importations payées par la métropole permettaient d'y éviter les famines. Au lendemain du second conflit mondial, le phénomène prit de l'ampleur car ce furent désormais tous les produits alimentaires qu'il fallut importer en plus des grains : le volume d'importation des pommes de terre tripla ainsi entre 1930 et 1959, celui de la viande quintupla, celui des laitages fut multiplié par 6, tandis que les achats de sucre doublèrent. Même l'huile produite localement ne suffit plus à la consommation algérienne (Lefeuvre, 2005 : 90).

L'image d'Épinal de l'Algérie « grenier » de la France s'envole ainsi, à l'exception des primeurs toutefois. En 1954, l'Algérie exportait ainsi 1 000 000 de quintaux de pommes de terre nouvelles, 300 000 quintaux de tomates, 250 000 quintaux d'artichauts et 350 000 de carottes (Gouvernement général de l'Algérie, 1955).

La situation était d'autant plus grave que l'Algérie de l'époque était d'abord un pays agricole puisqu'en 1936, ce secteur assurait à lui seul 91,50 % de toutes ses exportations.

En réalité les superficies arables y étaient limitées. Après une phase de considérable mise en culture liée à la première période de la présence française, les superficies labourables stagnaient depuis le début du XX$^{e}$ siècle. De plus, l'érosion emportait chaque année entre 35 000 et 40 000 hectares. Hors exploitations européennes, en 1871, la surface céréalière par habitant était de 1 ha alors qu'en 1960 elle était tombée à 0,31 ha.

En 1953, comme les recettes locales ne permettaient plus de faire face aux dépenses de fonctionnement, l'Algérie fut en faillite. Au mois d'août 1952, anticipant en quelque sorte la situation, le gouvernement d'Antoine Pinay (8 mars 1952-23 décembre 1952), demanda au parlement le vote de 200 milliards d'impôts nouveaux, tout en étant contraint de faire des choix budgétaires douloureux. Pour aider encore davantage l'Algérie il fallut alors faire patienter la Corrèze et le Cantal.

L'implication du budget national dans les déséquilibres algériens alla sans cesse en augmentant. C'est ainsi que, de 1949 à 1953 le volume des investissements sur fonds publics en francs courants atteignit 305 milliards dont les 4/5ᵉ assurés par l'État français. De 1952 à 1956 les ressources d'origine métropolitaine affectées au financement du 2ᵉ plan d'équipement passèrent de 50 % à plus de 90 %.

L'addition des chiffres donne le vertige : durant les seuls 9 premiers mois de 1959 les investissements en Algérie atteignirent 103,7 milliards de crédit dont 71,5 milliards directement financés par le Trésor français. De 1950 à 1956 la seule industrie algérienne reçut, hors secteur minier, en moyenne 2 395 millions anciens francs annuellement. En 1959 et en 1960 cette somme atteignit en moyenne 5 390 millions (Lefeuvre, 2005 : 366-374).

Entre 1959 et 1961, pour le seul *plan de Constantine*, les industries métropolitaines investirent 27,40 milliards d'anciens francs, gaz et pétrole non compris. Les industriels français étaient-ils soudainement devenus philanthropes, eux qui s'étaient jusque-là prudemment tenus à l'écart du gouffre financier algérien ? Non, et l'explication de leur soudaine volonté d'implication est limpide :

> « [...] le prix des créations d'usines en Algérie (a) été payé par les contribuables métropolitains grâce à un cadeau de 90 millions d'anciens francs fait par l'État à chaque industriel » (Lefeuvre, 2005 : 419).

La France s'est donc ruinée en Algérie alors qu'elle n'y avait aucun intérêt économique réel. Et pourtant :

> « Que d'articles, de déclarations, de discours pour rappeler que l'Algérie est le premier client de la France ! Que de sottises ainsi proférées sur le nombre d'ouvriers français qui travaillaient grâce aux commandes passées par l'Empire ! » (Lefeuvre, 2005 : 291).

En dépit de toutes ces aides, de toutes ces subventions, l'Algérie française ne fit aucun effort tarifaire en direction de la métropole, dévorant sans états d'âme une rente de situation assurée par les impôts des Français.

Ainsi, entre 1930 et 1933, alors que le vin comptait pour près de 54 % de toutes ses exportations agricoles, le prix de l'hectolitre qu'elle vendait à la France était supérieur de 58 % à celui produit en Espagne, ce qui n'empêcha pas la métropole de se fermer au vin espagnol pour s'ouvrir encore davantage au sien...

Qu'il s'agisse des minerais, du liège, de l'alpha, des vins, des agrumes, etc., toutes les productions algériennes avaient des coûts supérieurs à ceux du marché. Au mois de juin 1930, 120 000 quintaux de blé dur arrivèrent de Marseille où le prix du quintal était de 93 francs alors qu'en Algérie il variait entre 120 et 140 francs, soit 30 à 50 % de plus pour une matière première avant transformation.

Paradoxalement, c'est parce que la France payait sans discuter que l'Algérie pouvait pratiquer ces prix sans rapport avec les cours mondiaux. Le résultat d'une telle politique contraire à toutes les lois économiques, fut que l'Algérie vit se fermer tous ses débouchés internationaux, n'ayant bientôt plus qu'un seul client et un seul fournisseur, la France.

Aveugle, cette dernière continua d'acheter à des cours largement supérieurs au marché des productions qu'elle avait déjà largement payées puisqu'elle n'avait jamais cessé de les subventionner ! Cette situation fit d'ailleurs dire au rapporteur général de la Commission des finances des Assemblées financières algériennes :

> « Il n'y a pas d'exemple assurément que par sa législation protectrice, par son économie dirigée, l'État ait fait subir à la loi naturelle de l'offre et de la demande une aussi profonde mutilation » (Cité par Lefeuvre, 2005 : 63.).

Le résultat de cette politique fut que l'Algérie n'eut bientôt plus qu'un seul acheteur possible, la France, qui devint donc, à la fois son seul client et son seul fournisseur. Pour cette dernière, la situation devint alors économiquement intenable car, et comme nous venons de le voir, elle achetait à ses départements algériens et à des cours supérieurs au marché, des productions qu'elle leur avait déjà largement payées puisqu'elle n'avait cessé de les subventionner. Et cela, tout en se fermant des marchés rentables ailleurs en Europe et dans le monde en raison de cette pratique de pacte colonial qui interdisait toute réciprocité commerciale !!

Les exportations algériennes vers l'étranger ne cessèrent de se rétracter. Ainsi, celles à destination de la Grande-Bretagne et qui représentaient 5 % de toutes les exportations de l'Algérie en 1929, avaient baissé à 2,40 % en 1932, et à 1,43 % en 1936. Dans les échanges avec les États-Unis le mouvement baissier fut identique : 31 % en 1919, 1,55 % en 1932, moins de 1 % en 1936.

En revanche les exportations algériennes, tous produits inclus, vers la métropole atteignaient 70 % vers 1920, 89 % en 1932, 90 % en 1939 et 93 % en 1959. Cette année-là (1959), la France acheta 99,40 % de toutes les exportations algériennes de vin, 98,60 % de toutes celles d'agrumes et 100 % des moutons exportés.

Même les prix de revient étaient en Algérie supérieurs à ceux obtenus en métropole. La raison en était la piètre qualité de la main-d'œuvre qui avait une productivité faible, ce qui la rendait en définitive plus chère que la main-d'œuvre française ou européenne.

Dans la verrerie de La Sénia, il fallait ainsi 182 employés pour produire ce que 147 ouvriers produisaient en France, soit presque un quart de plus. Par ailleurs, des emplois qui en métropole, étaient confiés à des manoeuvres devaient, en Algérie, être confiés à des ouvriers qualifiés, ce qui faisait que selon un rapport Saint-Gobain daté de 1949 :

> « [...] pour le personnel au mois, la moyenne des (rémunérations versées) ressort à 27000 francs pour la métropole contre 36000 francs en Algérie [...] Par comparaison avec une usine métropolitaine située en province, l'ensemble des dépenses, salaires et accessoires est de 37 % plus élevée pour une verrerie située près d'Oran » (Cité par Lefeuvre, 2005 : 312).

Compte tenu de tout ce qui vient d'être exposé, on comprendra facilement que l'industrialisation de l'Algérie était donc impossible, sauf à rembourser le surcoût qu'elle impliquait aux industriels. C'est d'ailleurs ce que tenta de faire la France comme le montre l'exemple du secteur de la verrerie.

Restons donc dans ce domaine verrier avec l'usine de La Sénia particulièrement bien étudiée par Daniel Lefeuvre qui a dépouillé les archives de Saint-Gobain.

Le prix d'une bouteille qui y était fabriquée avait en 1945 un coût supérieur de plus 78 % par rapport à la même bouteille fabriquée en métropole. L'usine locale n'étant donc pas viable, économiquement, il valait donc mieux importer des bouteilles que de les fabriquer en Algérie. La direction s'adressa alors aux pouvoirs publics pour leur demander à la fois une aide financière et une protection commerciale. L'accord qui fut conclu entre les *Verreries d'Afrique du Nord* (VAN), la *Caisse des marchés* de l'État et le *Crédit national* montre d'une manière éclatante comment furent alors dilapidés en pure perte les impôts des Français.

Les VAN s'engageaient en effet à produire 37 500 tonnes de bouteilles et dérivés et à les écouler à un prix agréé par le Gouvernement général de l'Algérie. En contrepartie, ce dernier prenait à son compte les pertes algériennes du groupe. Quant aux investissements nécessaires à la relance de la fabrication et qui étaient de 150 millions de francs de 1946, ils étaient assurés pour 50 millions par l'État et les 100 millions restants par emprunt du *Crédit national* avec garantie étatique. De plus, pour faire face aux dépenses de fabrication, les VAN disposaient de crédits d'aval de 70 millions consentis par la Caisse des marchés (Lefeuvre, 2005 : 286-287).

Comment industrialiser une Algérie où tout était plus cher qu'en métropole? Ainsi, en 1953, l'électricité vendue aux cimenteries algériennes revenait à 10 francs le kw/h quand en France le prix du même kw/h était de 5 francs. Quant au charbon, en 1947 la tonne extraite de la mine de Kenadza rendue à Alger valait 2 585 francs quand une tonne importée débarquée à Alger valait 2 490 francs. L'eau douce nécessaire aux usines coûtait 5 francs le $m^3$ en métropole et de 13 à 24 francs le $m^3$ en Algérie. De Longwy à l'un ou l'autre port algérien, le coût du transport d'une tonne d'acier était de 4,50 francs, mais pour livrer cette même tonne d'acier d'Alger à

Oran le coût était de 6 francs (Lefeuvre, 2005: 315). Quant au transport Bône-Alger, il était plus cher que celui entre Marseille ou même Dunkerque et les ports algériens.

Sans protectionnisme, une usine construite pour fournir l'ensemble de l'Algérie n'aurait donc eu aucune chance de résister à la concurrence des usines métropolitaines.

La couteuse mise en production des hydrocarbures sahariens après des décennies de difficiles prospections posa également de sérieux problèmes de coûts.

Au mois de mars 1954, la première découverte de gaz avait été faite à Berga, à 125 km d'In Salah et en 1959 le premier forage d'Hassi Messaoud avait été effectué suivi de 300 autres puits. Durant les phases de prospection, la France avait dépensé des sommes considérables, chaque forage revenant à 600 millions de francs car les couches exploitables étaient situées à plus de 3000 mètres, une prouesse technologique pour l'époque.

Paradoxe jamais souligné, l'État français dut quasiment imposer à des compagnies réticentes une mise en production qui débuta fin 1957, puis en 1959, mais qui ne commença véritablement qu'en 1961 et cela, pour trois grandes raisons:

1 - Le pétrole algérien était trop léger pour pouvoir être transformé en fuel dont avait besoin l'industrie française. Il fallait donc le vendre sur le marché international.

2 - Or, à cette époque le marché mondial était saturé car l'URSS bradait ses huiles à bas prix et parce que, l'Algérie et la Libye arrivant en même temps sur le marché, le déséquilibre des cours fut accentué. De plus, le pétrole libyen était plus facile à exploiter et à écouler que celui d'Algérie.

3 - Le brut algérien valait 2,08 $ le baril contre 1,80 $ au cours mondial, mais la France l'acheta en le surpayant alors qu'elle avait auparavant financé toutes les recherches et la mise en exploitation.

Il en alla de même avec la question de la main-d'œuvre algérienne en France. Ainsi, et une fois encore, contrairement à tous les poncifs, l'immigration algérienne a considérablement coûté à la métropole. D'une part parce qu'elle n'a correspondu à aucune nécessité économique, et d'autre part parce que l'absence de qualification et de stabilité de cette main-d'œuvre nécessitait la mise en place de mesures d'adaptation onéreuses en matière de logements, de foyers et de formation professionnelle » (Lefeuvre, 2005:151-152).

Hérésie économique, la politique d'immigration en métropole fut de plus un choix politique à courte vue décidé par les gouvernements français successifs et imposée aux industriels métropolitains qui, à cette époque du moins, voulaient faire venir en France des travailleurs italiens ou espagnols. Or, la France refusa les migrants italiens et espagnols au motif que sa priorité était de régler la question des excédents de main-d'œuvre algérienne… puisque l'Algérie était française. C'est alors la préférence nationale, en l'occurrence la préférence algérienne, qui fut choisie, au nom de l'intégration.

En 1950, sur 110000 Algériens recensés dans la région parisienne, 50000 n'avaient pas de moyens d'existence réguliers et en 1957, sur 300000 Algériens vivant en France, le nombre de sans-emploi était de 100000, ce qui fait dire à Daniel Lefeuvre que :

« Ces chiffres détruisent l'imagerie de rabatteurs, parcourant le bled, pour fournir à un patronat avide, la main-d'œuvre abondante et bon marché dont il serait friand […] Contrairement à une légende tenace, l'afflux d'Algériens en métropole, dans les années 1950, ne répond pas aux besoins en main-d'œuvre de l'économie française au cours des années de reconstruction ou des Trente Glorieuses» (Lefeuvre, 2005 : 14 -15).

Dans la préface du livre de Daniel Lefeuvre, Jacques Marseille écrit que «la France a plutôt secouru l'Algérie qu'elle ne l'a exploitée.» De fait, des années 1930 jusqu'à l'indépendance, l'Algérie a été placée sous «assistance respiratoire» par la France qui n'a cessé de l'alimenter artificiellement.

Année après année, la France remplissait donc le «tonneau des Danaïdes», algérien, nourrissant les bouches nouvelles, bâtissant hôpitaux, écoles, routes, ponts et tentant de créer artificiellement des milliers d'emplois.

La France n'a donc pas pillé l'Algérie. En 132 années de présence, elle créa ce pays, l'unifia, lui offrit un Sahara qu'elle n'avait par définition jamais possédé, draina ses marécages[152], bonifia ses terres, soigna et multiplia ses populations. Le paradoxe est que l'Algérie ose lui réclamer des dédommagements alors que la France serait fondée à lui «présenter la facture»...

152 • Dans les plaines marécageuses de Bône, de Philippeville et de la Mitidja, l'armée creusa plusieurs centaines de kilomètres de fossés de drainage. Dans la seule Mitidja, en 1842, 2 510 hectares étaient devenus productifs, mais 6000 militaires français avaient péri des fièvres.

# Index général

•

*Ital gras : T* = tribu - *D* = Dynastie

M

# Index sigles

•

## A



## B



## C



## D

## O



## P



## R



## T



## U



## Z

# Bibliographie

•

## A

- Abane, B., (2015) *Nuages sur la révolution. Abane au cœur de la tempête.* Alger.

- Abrous, D., (2007) *La Société des Missionnaires d'Afrique à l'épreuve du mythe berbère. Kabylie, Aurès, Mzab.* Paris/Louvain.

- Alexandra, A., (2003) « La reconquête de l'Afrique du Nord vandale par Bélisaire, 533 après J.-C. ». Centre d'études d'histoire de la Défense, *en ligne.*

- Allaoua, M., (2000) « Sur l'oasis de Siwa ». *Etudes et Documents Berbères*, n° 15-16,1997-1998 (2000), pp. 313-318.

- Amiri, L., (2014) *La Fédération de France du FLN, acteur majeur de la guerre d'indépendance.* Paris

- Amory, S et alii., (2005) « Diversité génétique de l'allèle 0 dans des populations berbères ». Bulletin et mémoires de la Société d'Anthropologie de Paris, 17, (3-4) 2005, pp. 199-207.

- Arnauld, D (R.P) (2001), *Histoire du christianisme en Afrique. Les sept premiers siècles.* Paris.

- Aussaresses, P., (2001) *Services spéciaux, Algérie 1955-1957. Mon témoignage sur la torture.* Paris.

- Ayalon, D., (1996) *Le phénomène mamelouk dans l'orient islamique.* Paris.

- Ayoun, R., (1988) « Le décret Crémieux et l'insurrection de 1871 en Algérie ». Revue d'histoire moderne et contemporaine, t. XXXV, *en ligne.*

## B

- Belkhodja, K., (1970) « L'Afrique byzantine à la fin du VI^e^ et au début du VII^e^ siècle ». Revue de l'Occident musulman et de la Méditerranée, 1970, volume 8, n° spécial, pp. 55-65.

- Benabbès, A., (2005) « Les premiers raids arabes en Numidie byzantine : questions toponymiques. In Briand-Ponsart, C., (2005) *Identités et Cultures dans l'Algérie Antique*, pp.459-492.

- Benabdellah, A., (1994) « Processus militaire millénaire ». Maroc-Europe, n° 7, 1994, pp 35-58.

- Bénabou, M., (1976) *La résistance africaine à la romanisation.* Paris.

- Bénabou, M., (1978) « *Les Romains ont-ils conquis l'Afrique ?* » Annales ESC, 1978, vol 33, n° 1, pp. 83-88.

- Benhima, Y., (2009) « Quelques remarques sur les conditions de l'islamisation du Maghreb al-Aqsa : aspects religieux et linguistiques ». En ligne, 12 pages.

- Benkheda, B., (1997) *L'Algérie à l'Indépendance. La crise de 1962.* Alger.

- Benmebarek, R., (2010) Mémorendum : les « événements » de Sétif, en mai 1945. Etudes coloniales, *en ligne*.

- Bennassar, B et L., (1989) *Les Chrétiens d'Allah. L'histoire extraordinaire des renégats. XVI*[è]*-XVIII*[è] *siècles.* Paris

- Bensadou, G., (2015) *Le statut des populations dans l'Algérie des Turcs. Mémoire Vive,* n° 61, 3[è] et 4[è] trimestres 2015, pp. 18-20.

- Berque, J., (1972) «Du nouveau sur les Bani Hilal ?»*Studia Islamica*, XXXVI, 1972, pp. 99-111.

- Boëtsch, G et Ferrie, J.N (1989) « Le paradigme berbère : approche de la logique classificatoire des anthropologues français du XIXe siècle ». Bulletins et Mémoires de la Société d'Anthropologie de Paris, 1 (3-4), 1989, pp. 257-277.

- Boëtsch, G., (2006) « Arabes/Berbères. L'incontournable lecture raciologique du 19[è] siècle ». In Claudot-Hawad, H., (2006).

- Boëtsch, G., (2006) « Arabes/Berbères. L'incontournable lecture raciologique du 19[è] siècle ». In Claudot-Hawad, H., (2006).

- Bonte, P., (2009) « Hélène Claudot-Hawad, ed., *Berbères ou Arabes ?* », L'Homme, 190/2009, en ligne.

- Bouzid, A., (1996) « Les Awarba de Kusayla. Essai de localisation et d'identification d'une entité berbère ». IBLA (Revue de l'Institut des belles Lettres Arabes) 1996, n° 178, pp. 217-232.

- Boyer, P., (1970) « Le problème Kouloughli dans la Régence d'Alger ». *Revue de l'Occident musulman et de la Méditerranée*, n° 8, 1970, pp. 79-94.

- Boyer, P., (1985) « Les renégats et la marine de la Régence d'Alger ». *Revue de l'Occident musulman et de la Méditerranée*, n° 39, 1985, pp. 93-106.

- Branche, R., (2001) *La torture et l'armée pendant la guerre d'Algérie.* Paris.

- Branche, R., (2014) *Prisonniers du FLN.* Paris

- Braudel, F., (1928) *Les Espagnols et l'Afrique du Nord de 1492 à 1577.* Alger.

- Brett, M., (1984) « Morocco and the Ottomans : the sixteenth century in North Africa ». Journal of African History, 25 (1985) pp. 331-341.

- Brett, M., (1992) « The Islamisation of Morocco. From the Arabs to the Almoravids ». Morocco, 2, (1999), pp. 57-71.

- Briand-Ponsart, C et Hugoniot, Ch., (2005) *L'Afrique romaine de l'Atlantique à la Tripolitaine (146 av.J.-C- 533 apr. J.-C.).* Paris.

- Briand-Ponsart, C., (2005) *Identités et Cultures dans l'Algérie Antique.* Université de Rouen et du Havre.

- Brun, J-P., (2008) *J'étais dans l'OAS Métro Jeunes (1961-1962).*

- Brunet, J-P., (1999) *Police contre FLN. Le drame d'octobre 1961.* Paris.

- Brunet, J-P., (2002) « Enquête sur la nuit du 17 octobre 1961 ». Les Collections de l'Histoire, hors série n° 15, mars 2002.

- Brunet, J-P., (2003) *Charonne, lumière sur une tragédie.* Paris.

- Brunet, J-P., (2008) « Sur la méthodologie et la déontologie de l'historien. Retour sur le 17 octobre 1961 ». Commentaire, vol 31, n° 122, été 2008.

- Brunet, J-P., (2011) « Combien y a-t-il eu de morts lors du drame du 17 octobre 1961 ? ». Atlantico, 17 octobre 2011.

- Brunschvig, R., (1942) « Ibn'Abdalh'Akam et la conquête de l'Afrique du Nord par les Arabes ». Annales de l'Institut d'Etudes Orientales, vol. VI, 1942, pp. 145-156.

- Brunschvig, R., (1947) *La Berbérie orientale sous les Hafsides des origines à la fin du XV^e siècle.* Paris.

## C

- Cabouret, B., (2005) *L'Afrique romaine de 69 à 439. Romanisation et christianisation.* Nantes.

- Camps, G., (1980) *Berbères. Aux marges de l'histoire.* Paris.

- Camps, G., (1981) « L'origine des Berbères ». In Ernest Gellner, *Islam : société et communauté. Anthropologie du Maghreb.* Les Cahiers CRESM, CNRS, Paris (1981).

- Camps, G., (1983a) « Comment la Berbérie est devenue le Maghreb arabe ». Revue de l'Occident musulman et de la Méditerranée, n° 35, (1983), pp.7-24.

- Camps, G., (1987) *Les Berbères, mémoire et identité.* Paris.

- Camps, G., (1985-2001) *Encyclopédie berbère.* T.1 ; 12 ; 13 ; 15 ; 16 ; 18-24. Aix-en-Provence.

- Chaker, S., (1987) « L'Affirmation identitaire berbère à partir de 1900. Constantes et mutations (Kabylie) ». Revue de l'Occident musulman et de la Méditerranée, année 1987, volume 44, pp.13-34.

- Chaker, S., (1989) « La voie étroite : la revendication berbère entre culture et politique ». Annuaire de l'Afrique du Nord, XXVIII, 1989, pp 281-296.

- Chaker, S., (1998) *Berbères aujourd'hui.* Paris.

- Chaker, S., (2004) « Langue et littérature berbères ». Clio en ligne.

- Cherit, K., (2016) « Colonel Chaabani : rendez-vous avec la mort ». Alger

- Chassin, L.M., (1957) *Bélisaire, généralissime byzantin (504-565).* Paris

- Chevallier, C., (1988) *Les trente premières années de l'Etat d'Alger (1510-1541).* Alger.

- Claudot-Hawad, H., (2006) *Berbères ou Arabes ? Le tango des spécialistes.* Paris.

- Cocard, H., (2007) *L'ordre de la Merci en France (1574-1792). Un Ordre voué à la libération des captifs.* Paris.

- Collectif (1964) *OAS Parle.* Paris

- Cosse Brissac (de), Ph., (1931) « Les rapports de la France et du Maroc pendant la conquête de l'Algérie (1830-1847) ». Hesperis, tome XIII, année 1931, fascicule II.

- Courtinat, R., (2003) *La piraterie barbaresque en Méditerranée (XVIè-XVIIè siècle).* Paris

- Courtois, C., (1942) « De Rome à l'Islam ». Revue Africaine, 1942, pp.23-25.

- Courtois, C., (1955) *Les Vandales et l'Afrique.* Paris.

- Cuoq, J-M (RP), (1984) *L'Église d'Afrique du Nord du IIè au XIIè siècle.* Paris.

- Cuoq, J-M (RP), (1991) *Histoire des Chrétiens d'Afrique du Nord (Libye, Tunisie, Algérie, Maroc),* Paris.

## D

- Dalouatli, A., (1976) *Tunis sous les Hafsides.* Tunis.

- Damidot, J., (2015) "L'impossible citoyenneté des Français musulmans d'Algérie?" *Mémoire Vive,* n° 61, 3è et 4è trimestres 2015, pp. 16-17.

- Daoud, Z et Stora, B., (1995) *Ferhat Abbas. Une utopie algérienne.* Paris.

- Dard, O., (2005) *Voyage au cœur de l'OAS.* Paris.

- Dard, O et Pereira, V., (2013) *Vérités et légendes d'une OAS internationale.* Paris.

- Daum, P., (2015) *Le dernier tabou. Les harkis restés en Algérie après l'indépendance.* Paris.

- Decret, F., (1996) *Le christianisme en Afrique du Nord ancienne.* Paris.

- Decret, F et Fantar, M., (1998) *L'Afrique du Nord dans l'Antiquité.* Paris.

- Decret, F., (2002) « L'Afrique chrétienne de la « grande persécution » à l'invasion vandale ». Clio en ligne. 4 pages, Clio.fr

- Decret, F., (2003) « Les invasions hilaliennes en Ifrikiya ». Clio en ligne, 6 pages, Clio.fr

- Déroulède, A., (1997) *OAS : étude d'une organisation clandestine.* Helette, France.

- Duranton-Crabol, A-M., (1996) *Le temps de l'OAS.* Paris.

## E

- Einaudi, J-L., (1991) *La Bataille de Paris : 17 octobre 1961.*

- Einaudi, J.-L (2001) Octobre 1961, un massacre à Paris. Paris

- Euzennat, M., (1967) « Le limes de Volubilis ». Studien zu den Militärgrenzen Roms, 1967, pp 194-199.

- Euzennat, M., (1977) « Recherches récentes sur la frontière d'Afrique (1964-1974) ». Studien zu den Militärgrenzen Roms, II, 1977, pp 429-443.

- Euzennat, M., (1978) « La frontière d'Afrique (1974-1976) ». Studien zu den Militärgrenzen Roms, II, 1978, pp 533-543.

F

- Faivre, M (Général), (2006) « A la mémoire des combattants musulmans morts pour la France », La Voix du Combattant, mai 2006, p. 6.

- Faivre, M (général), (1995) *Les combattants musulmans de la guerre d'Algérie,* Paris.

- Faivre, M. (général), (1996) « Effectifs et pertes en Algérie », note de synthèse à l'intention du Ministre des Anciens combattants et victimes de guerre, 2 pages dactylographiées, 5 septembre 1996. Ce texte a été publié dans l'*Algérianiste*, n° 76, décembre 1996, pp 52-53, sous le titre « Effectifs et pertes en Algérie (1954-1962) ».

- Faivre, M. (général), (2003) « Le massacre des harkis », La Nouvelle revue d'Histoire, septembre-octobre 2003, pp 47-48.

- Faivre, M. (général) (2011) « La bataille de Paris du 17 octobre 1961 ». Études coloniales, en ligne.

- Fakhry, A., (1974) *The Oases of Egypt. T. I Siwa oasis ; T. II Bahriyah and Farafra Oases.* The American University in Cairo Press, Le Caire.

- Fantar, M. H et Decret, F., (1998) *L'Afrique du Nord dans l'Antiquité.* Paris

- Ferdi, S., (2005) *Corpus des mosaïques de Cherchel.* En ligne.

- Ferhat Abbas, A., (1984) *L'Indépendance confisquée (1962-1978).* Paris

- Fevrier, P.A., (1990) *Approches du Maghreb Romain.* Aix-en-Provence.

- Fleury, G., (2002) *Histoire secrète de l'OAS.* Paris.

- Fleury, G., (2004) *Comment l'Algérie devint française (1830-1848).* Paris.

- Frémeaux, J., (1987) « La bataille d'Isly ». Revue Historique des Armées, n° 1 (1987), pp.13-23.

- Frémeaux, J., (1993) *Les Bureaux arabes de l'Algérie.* Paris.

- Frend, WH. C., (1952) *The Donatist Church : a Movement of protest in North Africa.* Oxford.

G

- Gaïd, M., (1993) *Mokrani.* Alger.

- Gauthier, E., (1913) *La Romanisation de l'Afrique (Tunisie, Algérie, Maroc).* Paris.

- Gauthier, E., (1927) *L'islamisation de l'Afrique du Nord. Les siècles obscurs du Maghreb.* Paris.

- Gauthier, E-F., (1935) *Genséric, roi des Vandales.* Paris.

- Gérard, J-L., (2001) *Dictionnaire historique et biographique de la guerre d'Algérie.*Bayonne.

- Goinard. P., (1986) *Algérie : l'œuvre française.* Paris.

- Goodchild, R.G., (1967) "Byzantines, Berbers ans Arabs in 7th-century Libya". Antiquity, vol 41, n° 162, 1967, pp 115-124

- Guibert, V., (2000) *Les commandos Delta.* Helette, France.

- Guichard, P., (2003) « Les Almohades ». Clio, www.clio.fr.

- Guiral, P., (1992) *Les militaires à la conquête de l'Algérie (1830-1857).* Paris

## H

- Hachid, M., (2000) *Les premiers Berbères. Entre Méditerranée, Tassili et Nil.* Aix-en-Provence.

- Haddadou, M A., (2003) « L'État algérien face à la revendication berbère : de la répression aux concessions ». Glottopol, n° 1, janvier 2003, pp.131-138. En ligne.

- Hamdani, A., (1985) *La vérité sur l'expédition d'Alger.* Paris.

- Hamdoune, Ch., (2005) « Spécificité et identité des cavaliers africains de l'armée romaine ». In Briand-Ponsart, C., (2005) *Identités et Cultures dans l'Algérie Antique*, pp.235-260.

- Hannoum, A., (1999) « Historiographie et légende au Maghreb. La Kâhina ou la production d'une mémoire. » Annales, Histoire, Sciences sociales, 1999, volume 54, n° 3, pp. 667-686.

- Harbi, M., (1980a) *Le FLN, mirage et réalité. Des origines à la prise du pouvoir (1945-1962).*

- Harbi, M., (1980b) « Nationalisme algérien et identité berbère ». *Peuples méditerranéens*, 11, pp.31-37.

- Harbi, M., (1999) *1954, la guerre commence en Algérie.* Paris.

- Harbi, M. et Stora, B., (2005) *Guerre d'Algérie, fin d'amnésie.* Paris.

- Harbi, M., (2006) « La guerre d'Algérie a commencé à Sétif ». *Le Monde diplomatique*, n° 62, avril-mai 2006, pp 60-63.

- Haroun, A., (1986) *La 7e Willaya : la guerre du FLN en France (1954-1962).*Paris.

- Haroun, A., (2005) *Algérie 1962 : la Grande Dérive.* Paris.

- Harrison, A., (1989) *Challenging de Gaulle : The O.A.S. and the Counterrevolution in Algeria (1954-1962).* Exeter.

- House, J et MacMaster, N., (2006) *Paris 1961. Algerians, State Terror and Memory.* Oxford.

-Heers, J., (2001) *Les Barbaresques. La Course et la guerre en Méditerranée XIVè-XVIè siècle.* Paris.

-Heers, J., (2003) *Les négriers en terres d'islam. La première traite des Noirs (VIIè-XVIè siècles).* Paris.

-Heers, J., (2008) *L'histoire assassinée : les pièges de la mémoire.* Paris.

## I

- Idris, H.R., (1962) *La Berbérie orientale sous les Zirides, Xè-XIIIè siècles.* Paris.

- Idris, H.R., (1964) «Examen critique des récits d'al-Mâliki et d'Ibn Idâri sur la conquête de l'Ifrikiya». Arabica, T.11, fasc 1 (janvier 1964), pp. 5-18.

- Idris, H.R., (1968) « L'invasion hilalienne et ses conséquences ». Cahiers de civilisation médiévale, n° 43,1968, pp. 353-369.

- Idris, H.R., (1991) *La société au Maghreb après la disparition des Almohades.* Histoire générale de l'Afrique, Unesco, T.IV, Paris, 1991, pp 89-97.

## J

- Janon, M., (1980) « L'Aurès au VIè siècle. Note sur le récit de Procope ». Antiquités africaines, 1980, volume 15, numéro 15, pp. 345-351.

- Jauffret, J-Ch., (1987) *La guerre d'Algérie par les documents.* 2 tomes, Service Historique de l'Armée de Terre, Vincennes, 1987.

- Jauffret, J-Ch., (2002) *Militaires et guérilla dans la guerre d'Algérie.* Bruxelles.

- Jordi, J-J., (2011) *Un silence d'État. Les disparus civils européens de la guerre d'Algérie.* Paris.

- Julien, C.-A., (1931) (nouvelle édition en 1994) *Histoire de l'Afrique du Nord.* Paris.

K

- Kaddache, M., (1980) *Histoire du nationalisme algérien : question nationale et politique algérienne.* 2 volumes. Alger.

- Kaddache, M., (1998) *L'Algérie durant la période ottomane.* Alger.

- Kauffer, R., (2002) *OAS : histoire d'une guerre franco-française.* Paris.

L

- Lacouture, J et Chagnollaud, D., (1993) *Le désempire. Figures et thèmes de l'anticolonialisme.* Paris.

- Lancel, S., (2009) « L'Afrique vandale ». Clio en ligne.

- Laroussi, F., (2003) « Glottopolitique, idéologies linguistiques et État-Nation au Maghreb ». Glottopol, n° 1, janvier 2003, pp.139-150. En ligne.

- Larrouy, G., (2004) « La place de l'Anthropobiologie dans l'étude du peuplement berbère. Affirmations, contradictions, conclusions ». Antropo, 7, 1-10. WWW.didac.ehu.es/antropo.

- Le Bohec, Y., (1989) *La Troisième légion Auguste.*Paris.

- Le Bohec, Y., (1995) *Histoire militaire des guerres puniques (264-146 avant J.-C.).* Paris.

- Le Bohec, Y., (2005) *Histoire de l'Afrique romaine (146 avant J.-C.-439 après J.-C.)* Paris.

- Le Cour Grandmaison, O., (2005) *Coloniser Exterminer. Sur la guerre et l'État colonial.* Paris.

- Le Gendre, B et Susini, J-J., (2012) *Confessions du n° 2 de l'OAS.* Paris.

- Lefébure, C., (2009) « Notices : Arabes et Berbères, Chaouïas, Kabyles, Mozabites, etc., ». In Verdès-Leroux, J., (2009) *L'Algérie et la France.* Paris.

- Lefeuvre, D., (2005) *Chère Algérie. La France et sa colonie (1930-1962).* Paris.

- Lefeuvre, D., (2006) *Pour en finir avec la repentance coloniale.*Paris.

- Léger, P.A., (1983) *Aux carrefours de la guerre.* Paris.

- Lehmann, G., (2004) *La cendre et la braise. Le réseau OAS-Est en Métropole (1961-1962).* Paris.

- Lepelley, C., (1979) *Les cités de l'Afrique romaine au Bas-Empire.* Tome 1 *: La permanence d'une civilisation municipale.* Paris.

- Lepelley, C., (1981) *Les cités de l'Afrique romaine au Bas-Empire.* Tome 2: *Notices d'histoire municipale.* Paris.

- Lepelley, C., (1994) « Circumcelliones ». Augustinus Lexikon, vol. 1, 1994.

- Lucotte, G. et Mercier, G., (2003) « Brief Communication : Y-Chromosome Haplotypes in Egypt. ». *American Journal of Physical Anthropology*, n° 121, pp 63-66, 2003.

- Lugan, B., (2002) *Histoire de l'Égypte des origines à nos jours.* Paris.

- Lugan, B., (2009) Histoire de l'Afrique des origines à nos jours. Paris.

- Lugan, B., (2011a) *Histoire du Maroc des origines à nos jours.* Paris.

- Lugan, B., (2011b) « Pour en finir avec le mythe du « massacre » des Algériens à Paris le 17 octobre 1961 ». In l'*Afrique réelle*, novembre 2011.

- Lugan, B., (2012) *Histoire des Berbères. Un combat identitaire plurimillénaire.* Chez l'auteur.

-Lugan, B., (2013a) *Printemps arabe. Histoire d'une tragique illusion.* Chez l'auteur.

- Lugan, B., (2013b) *Les guerres d'Afrique des origines à nos jours.* Paris

- Lugan, B., (2015a) *Afrique, la guerre en cartes.* Chez l'auteur.

- Lugan, B., (2015b) *Histoire et géopolitique de la Libye des origines à nos jours.* Chez l'auteur.

- Lugan, B., (2016) *Histoire de l'Afrique du Nord des origines à nos jours.* Paris.

## M

- Mahé, A., (2001) *Histoire de la Grande Kabylie, XIXè-XXè siècle. Anthropologie du lien social dans les communautés villageoises.* Paris.

- Mantran, R., (1984) *L'empire ottoman du XVIè au XVIIIè siècle.*Londres.

- Mantran, R., (1986) *L'expansion musulmane (VIIè-XIè).* Paris.

- Mantran, R., (1989) *Histoire de l'Empire Ottoman.* Paris.

- Marçais, G., (1913) *Les Arabes en Berberie du XIè au XIVe siècle.* Paris.

- Marçais, G., (1946) *La Berbérie musulmane et l'Orient au Moyen Age.* Paris.

- Marçais, W., (1938) " Comment l'Afrique du Nord a été arabisée". *Annales de l'Institut des Etudes Orientales*. Alger, 4,1938), pp.1-22.

- Marchioni, J., (2007) *Boutin : le Lawrence de Napoléon, espion à Alger et en Orient, pionnier de l'Algérie française.* Paris.

- Marseille, J., (1984) *Empire colonial et capitalisme français, histoire d'un divorce.* Paris.

- Martin, J., (1987) *L'Empire renaissant (1789-1871)*. Paris.

- Massu, J., (général) (1971) *La vraie bataille d'Alger*. Paris.

- Mathias, G., (2014) *Les vampires à la fin de la guerre d'Algérie*. Paris

- Mattingly, D.J., (1983) «The Laguatan: A Libyan Tribal Confederation in the Late Roman Empire».Libyan Studies, 14, (1983), pp. 96-108.

- Mérouche, L., (2002 et 2007) *Recherches sur l'Algérie à l'époque ottomane*. T.I (2002) et T.II (2007), Paris.

- Mesnage, J (R.P.), (1913) *Romanisation de l'Afrique. Tunisie, Algérie, Maroc.* Paris

- Meynier, G et Vidal-Naquet, P., (2005) « Coloniser Exterminer : de vérités bonnes à dire à l'art de la simplification édéologique ». *Esprit*, décembre 2005, pp. 162-177.

- Meynier, G., (2003) *Histoire intérieure du FLN (1954-1962)*.Paris.

- Micheletti, C., (2003) *Fors l'Honneur. La guerilla OAS à Oran en 1961-1962.* Bayonne.

- Modéran, Y., (1986), « Coripe et l'occupation byzantine de l'Afrique : pour une nouvelle lecture de la Johannide », *Antiquités Africaines*, t. 22, 1986, pp. 195-212.

- Modéran, Y., (1990), « Koutzinas-Cusina. Recherches sur un Maure du VIe siècle », in *L'Africa romana*, 1990, pp. 393-407. Sassari.

- Modéran, Y., (1994), *« Cusina »*, *Encyclopédie Berbère*, t. XIV, Aix, 1994, pp. 2158-2159.

- Modéran, Y., (1998a), « L'Afrique et la persécution vandale », in *Histoire du Christianisme*, tome III. Paris, pp. 247-278.

- Modéran, Y., (1998b), *« Genséric »*, *Encyclopédie berbère*, t. XX, Aix, 1998, pp. 3052-3059.

- Modéran, Y., (1999) « Les frontières mouvantes du royaume vandale ». Dans Lepelley, C et Dupuis, X, Frontières et limites de l'Afrique du Nord antique, pp. 241-263.

- Modéran, Y., (2000), « Iaudas », *Encyclopédie berbère*, t. XXIII, Aix, pp. 3565-3567.

- Modéran, Y., (2002a), « L'établissement territorial des Vandales en Afrique », in *Antiquité tardive*, 10, 2002, pp. 87-122.

- Modéran, Y., (2002b), « Les Vandales et la chute de Carthage », *in L'Afrique du Nord antique et médiévale : Mémoire, identité et imaginaire.* Rouen, pp. 97-132.

- Modéran, Y., (2003a), « Kusayla, l'Afrique et les Arabes », in *Identités et cultures dans l'Algérie antique, Actes du colloque international de Rouen,* mai 2003, Rouen, 2005, pp. 423-457.

- Modéran, Y., (2003b) « Les Maures et l'Afrique romaine (IVe-VII[e] siècles) ». *Bibliothèque de l'École française de Rome,* vol.314.

- Modéran, Y., (2003c), « Jean Troglita », *Encyclopédie Berbère,* t. XXV, Aix, 2003, pp. 3866-3870.

- Modéran, Y., (2005a) « Kahena (Al-Kâhina) ». *Encyclopédie Berbère,* vol.XXVII, pp. 4102-4111.

- Modéran, Y., (2005b) « Kusayla, l'Afrique et les Arabes ». In Briand-Ponsart, C., (2005) *Identités et Cultures dans l'Algérie Antique*, pp. 423-457.Paris.

- Modéran, Y., (2006), « L'effondrement militaire de l'Afrique romaine face aux Vandales (429-431) », British Archaeological Reports, Oxford, 2006, pp. 61-77.

- Modéran, Y., (2008), « Koceila », *Encyclopédie Berbère,* t. XXVIII-XXIV, Aix, 2008, pp. 4255-4264.

- Modéran, Y., (2010), « Sources arabes et sources non arabes sur la conquête musulmane de l'Afrique : 1. Le dossier de l'exarque Grégoire et de l'attaque de 647 ». In L. Garcia-Moreno (dir.), Del Nilo al Ebro I. *Estudios sobre las fuentes de la conquista islamica.* Madrid-Alcalà de Henares, 2010, pp. 96-121.

- Modéran, Y., (2014) *Les Vandales et l'Empire romain.* Paris.

- Monès, H., (1997) "La conquête de l'Afrique du Nord et la résistance berbère". Histoire générale de l'Afrique, Unesco, Paris, 1997, t.III, pp 187-202.

- Monneret, J., (2001) *La phase finale de la guerre d'Algérie*, Paris.

- Monneret, J., (2006) La Tragédie dissimulée. Oran, 5 juillet 1962. Paris.

- Monneret, J., (2008) *La guerre d'Algérie en 35 questions.* Paris.

- Montagnon, P., (1984) *La guerre d'Algérie. Genèse et engrenage d'une tragédie. 1er novembre 1954-3 juillet 1962.* Paris.

- Morgan, T., (2016) *Ma bataille d'Alger. Confessions d'un Américain au cœur d'un drame français.* Paris.

- Morizot, J., (1991) *L'Aurès ou le mythe de la montagne rebelle.*Paris.

- Muelle, R., (2001) *7 ans de guerre en France. Quand le FLN frappait en métropole.* Paris.

N

- Nasraoui, A., (2005) « Les vestiges romains dans l'Aurès profond : témoins d'un important brassage de cultures romaine et berbère ».
In Briand-Ponsart, C., (2005) *Identités et Cultures dans l'Algérie Antique*, pp. 293-304.

- Nouschi, A., (1995) *La naissance du nationalisme algérien.* Paris.

O

- Ouerdane, A., (1987) « La crise berbériste de 1949 ». Revue de l'Occident musulman et de la Méditerranée, 1987, n° 44, pp.35-47.

- Ouerdane, A., (1990) *La question berbère dans le mouvement national algérien.* Paris.

- Ouerdane, A., (2003) *Les Berbères et l'arabo-islamisme en Algérie.* Montréal.

- Oussedik, T., (2005) *Mouvement insurrectionnel de 1871.* Alger.

P

- Panzac, D., (2002) « La course barbaresque : les hommes, les navires et les pratiques (fin XVIIIè-début XIXè) ». in Linon-Chipon, S et Requemora, S., *Les tyrans de la mer : pirates, corsaires et flibustiers.* Paris.

- Paya, J-F., (2011) « L'armée des frontières ». Études coloniales, 16 novembre 2011, en ligne.

- Péan, P., (2004) *Main basse sur Alger. Enquête sur un pillage : juillet 1830.* Paris.

- Perez, J-C., (2008) *Vérités tentaculaires sur l'OAS et la guerre d'Algérie.* Tome II. Paris.

- Pervillé, G., (2007) « La ligne Morice en Algérie, 1956-1962 ». En ligne.

- Pervillé, G., (2014) *Oran, 5 juillet 1962. Leçon d'histoire sur un massacre.* Paris.

- Pervillé, G., (2015) *Les accords d'Évian. Succès ou échec de la réconciliation franco-algérienne (1954-2012).* Paris.

- Peyroulou, J-P., (2009) *Guelma, 1945. Une subversion française dans l'Algérie coloniale.* Paris.

- Poncet, J., (1967) «Le mythe de la «catastrophe» hilalienne». Annales Économie,Sociétés,Civilisation, 22 (1968), pp. 390-396.

- Poncet, J., (1968) « Encore à propos des hilaliens : la « mise au point » de R.Idris ». *Annales. Économie, Sociétés, Civilisation,* 1968, volume 23, n° 3, pp. 660-662.

- Pouessel, S., (2009) « Claudot-Hawad, Hélène (dir).-*Berbères ou Arabes ? Le tango des spécialistes* ». Cahiers d'etudes africaines, 192, 2008, en ligne.

- Pouillon, F., (1993) « Simplification ethnique en Afrique du Nord : Maures, Arabes, Berbères (XVIIIe-XXe siècle). Cahiers d'Etudes africaines, 129, XXXIII (1), 1993, pp. 37-49.

- Pringle, D., (1981) *The Defence of Byzantine Africa, from Justinian to the Arab Conquest. A Account of the military history and archaeology of the African provinces in the Sixth and Seventh Centuries.* 2 volumes. Oxford.

- Puy-Montbrun, D., (de) (2002) *L'honneur de la guerre. Les vérités d'un officier d'Algérie.* Paris.

R

- Raberh, A., (2007) « L'islam authentique appartient à Dieu, l' « islam algérien » à César ». Genèses, 2007/4 (n° 69).

- Rachet, M., (1970) *Rome et les Berbères. Un problème militaire d'Auguste à Dioclétien.* Bruxelles.

- Reimbold, J., (1966) *Pour avoir dit non (1960-1966).*Paris.

- Rochebrune, R (de) et Stora, B.,(2016) *La guerre d'Algérie vue par les Algériens.* Tome 2. Paris.

- Ruff, Paul., (1998) *La domination espagnole à Oran sous le gouvernement du comte d'Alcaudete (1534-1558).* Paris.

S

- Saâd, L., (2011) « Le Berbérisme, idéologie alternative à l'Islamisme ». En ligne.

- Saaidia, O., (2015) *Algérie coloniale, musulmans et chrétiens : le contrôle de l'État (1830-1914).* Paris.

- Sadi, S., (2010) *Amirouche : une vie, deux morts, un testament. Une histoire algérienne.* Paris

- Schmitt, M., (général), (2002) *Alger-Été 1957. Une victoire sur le terrorisme.* Paris.

- Sebaï, M., (2005) « La romanisation en Afrique, retour sur un débat.

La résistance africaine : une approche libératrice ? ».Afrique et histoire, 2005, n° 3, pp. 39-56.

- Sédillot, R., (1965) *L'histoire n'a pas de sens.* Paris.

- Segurane, C., (2010) 1 « Le 17 octobre 1961, essai de dénombrement des morts » 2 « La propagande à l'œuvre ». Agoravox, octobre 2010.

- Ségurane, C., (2011a) « Le 17 octobre 1961. La propagande à l'œuvre ». *Agoravox*, samedi 16 octobre 2010.

- Ségurane, C., (2011b) « 17 octobre 1961 : quand la propagande fabrique un « crime d'État ». *Agoravox*, mardi 18 octobre 2011.

- Sergent, P., (1972) *Je ne regrette rien.* Paris.

- Shuval, T., (2002) « Remettre l'Algérie à l'heure ottomane. Question d'historiographie ». In *Revue des Mondes Musulmans et de la Méditerranée*, avril 2002, pp. 423-448.

- Sicard, Ch., (2013) *La Kabylie en feu. Algérie 1871.* Paris.

- Simon, J., (2005) *Le PPA, Parti du peuple algérien (1937-1947).* Paris.

- Simon, J., (2006) *Le massacre de Melouza. Algérie, juin 1957.* Paris.

- Simon, J-P et Serna, J-C., (2015) "Tous Français pendant 132 ans". *Mémoire Vive,* n° 61, 3è et 4è trimestres 2015, pp. 4-11.

- Stora (2005), voir Harbi.

-Stora, B., (1995) *Ferhat Abbas, une utopie algérienne.* Paris.

-Stora, B., (2004a) *Messali Hadj (1898-1974).* Paris.

-Stora, B., (2004b) *Histoire de l'Algérie coloniale (1930-1954).* Paris.

## T

-Talbi, M., (1971) « Un nouveau fragment de l'histoire de l'Occident musulman (682-812). L'épopée d'al-Kahina ». Cahiers de Tunisie, XIX, (1971), 1er et 2è trimestre, pp. 19-52.

-Temlali, Y., (2015) *La genèse de la Kabylie. Aux origines de l'affirmation berbère en Algérie (1830-1962).* Alger.

- Ternant, G. (de), (2007) *Maître Sauzède et le bureau du Maréchal Clauzel (Oran 1831-1871)).* Nice.

- Thébert, Y., (1978) « Romanisation et déromanisation en Afrique : histoire colonisée ou inversée ? ». Annales ESC, 33, 1978, pp. 64-82.

- Tilley, M.A., (1997) *The Bible in Christian North Africa: The Donatist World.* Minneapolis.

V

- Valat, R., (2007) *Les Calots bleus. Histoire d'une police auxiliaire pendant la Guerre d'Algérie.* Paris.

- Valat, R., (2009) « La force police auxiliaire : une historiographie sous influence ? Réponse de l'auteur aux critiques formulées contre son ouvrage *Les Calots bleus et la bataille de Paris. Une force police auxiliaire pendant la guerre d'Algérie.* En ligne, 13 pages.

- Valette, J., (2001) *La guerre d'Algérie des messalistes.* Paris.

- Venner, D., (2005) *De Gaulle, la grandeur et le néant.* Paris, 2005.

- Vergé-Francheschi, M et Graziani, A-M., (2000) *La guerre de course en Méditerranée (1515-1830).* Paris-Sorbonne.

- Vétillard,R., (2008) *Sétif, mai 1945. Massacres en Algérie.* Paris.

- Vétillard, R., (2010) « Sétif, mai 1945 : massacres en Algérie ». Riposte Laïque, 24 mai 2010, en ligne.

- Vétillard, R., (2012) *20 août 1955 dans le Nord-Constantinois. Un tournant dans la guerre d'Algérie ?* Paris.

- Vétillard, R., (2016) *La mort mystérieuse du colonel Halpert le 15 février 1946 à Constantine. Enquête historique.* Friedeberg, Allemagne.

- Villaverde Vega, N., (2001) *Tingitana en la Antigüedad Tardia (siglos III-VII) : Autoctonia y Romanidad en el Extremo Occidente Mediterraneo.* Madrid.

W

-Winock, M., (2006) *L'agonie de la IVᵉ République.* Paris

- Wolf, J., (1979) *The Barbary Coast : Algiers under the Turks 1500 to 1830.* New York.

Y

- Yacono, X., (1993) *Histoire de l'Algérie.* Paris.

- Yaha, A., (2012) *Ma guerre d'Algérie. Au Coeur des maquis de Kabylie (1954-1962).* Paris.

- Yaha, A., (2015) *FFS contre dictature. De la résistance armée à l'opposition politique (1962-1990).* Alger.